心一堂術

數古籍珍

本叢刊

書名：增補選吉探源

系列：心一堂術數古籍珍本叢刊 第二輯 選擇類 238

作者：【民國】袁樹珊 撰

主編、責任編輯：陳劍聰

心一堂術數古籍珍本叢刊編校小組：陳劍聰 素聞 梁松盛 鄒偉才 虛白盧主

出版：心一堂有限公司

地址／門市：香港九龍旺角西洋菜南街五號好望角大廈一〇〇三室

電話號碼：+852-6715-0840 +852-6633-7949

網址：sunyata.cc

電郵：sunyatabook@gmail.com

publish.sunyata.cc

網上書店：http://book.sunyata.cc

網上論壇：http://bbs.sunyata.cc/

平裝

版次：二零一七年八月初版

定價： 港幣 一百五十元正
　　　新台幣 五百九十八元正

國際書號：ISBN 978-988-8317-62-2

版權所有 翻印必究

香港及海外發行：香港聯合書刊物流有限公司

地址：香港新界大埔汀麗路三十六號中華商務印刷大廈三樓

電話號碼：+852-2150-2100

傳真號碼：+852-2407-3062

電郵：info@suplogistics.com.hk

台灣發行：秀威資訊科技股份有限公司

地址：台灣台北市內湖區瑞光路七十六巷六十五號一樓

電話號碼：+886-2-2796-3638

傳真號碼：+886-2-2796-1377

網絡書店：www.bodbooks.com.tw

台灣讀者服務中心：國家書店

地址：台灣台北市中山區松江路二〇九號一樓

電話號碼：+886-2-2518-0207

傳真號碼：+886-2-2518-0778

網絡書店：http://www.govbooks.com.tw/

中國大陸發行・零售：心一堂書店

深圳地址：中國深圳羅湖立新路六號東門博雅負一層零零八號

電話號碼：+86-755-8222-4934

北京地址：中國北京東城區雍和宮大街四十號

心一店淘寶網：http://sunyatacc.taobao.com

心一堂術數古籍 珍本 叢刊 整理 叢刊 總序

術數定義

術數，大概可謂以「推算（推演）、預測人（個人、群體、國家等）、事、物、自然現象、時間、空間方位等規律及氣數，並或通過種種『方術』，從而達致趨吉避凶或某種特定目的」之知識體系和方法。

術數類別

我國術數的內容類別，歷代不盡相同，例如《漢書‧藝文志》中載，漢代術數有六類：天文、曆譜、五行、蓍龜、雜占、形法。至清代《四庫全書》，術數類則有：數學、占候、相宅相墓、占卜、命書、相書、陰陽五行、雜技術等，其他如《後漢書‧方術部》、《藝文類聚‧方術部》、《太平御覽‧方術部》等，對於術數的分類，皆有差異。古代多把天文、曆譜、及部分數學均歸入術數類，而民間流行亦視傳統醫學作為術數的一環；此外，有些術數與宗教中的方術亦往往難以分開。現代民間則常將各種術數歸納為五大類別：命、卜、相、醫、山，通稱「五術」。

本叢刊在《四庫全書》的分類基礎上，將術數分為九大類別：占筮、星命、相術、堪輿、選擇、三式、讖諱、理數（陰陽五行）、雜術（其他）。而未收天文、曆譜、算術、宗教方術、醫學。

術數思想與發展──從術到學，乃至合道

我國術數是由上古的占星、卜筮、形法等術發展下來的。其中卜筮之術，是歷經夏商周三代而通過「龜卜、蓍筮」得出卜（筮）辭的一種預測（吉凶成敗）術，之後歸納並結集成書，此即現傳之《易

經》。經過春秋戰國至秦漢之際，受到當時諸子百家的影響、儒家的推崇，遂有《易傳》等的出現，原本是卜筮術書的《易經》，被提升及解讀成有包涵「天地之道（理）」之學。因此，《易‧繫辭傳》曰：「易與天地準，故能彌綸天地之道。」

漢代以後，易學中的陰陽學說，與五行、九宮、干支、氣運、災變、律曆、卦氣、讖緯、天人感應說等相結合，形成易學中象數系統。而其他原與《易經》本來沒有關係的術數，如占星、形法、選擇，亦漸漸以易理（象數學說）為依歸。《四庫全書‧易類小序》云：「術數之興，多在秦漢以後。要其旨，不出乎陰陽五行，生尅制化。實皆《易》之支派，傅以雜說耳。」至此，術數可謂已由「術」發展成「學」。

及至宋代，術數理論與理學中的河圖洛書、太極圖、邵雍先天之學及皇極經世等學說給合，通過術數以演繹理學中「天地中有一太極，萬物中各有一太極」（《朱子語類》）的思想。術數理論不單已發展至十分成熟，而且也從其學理中衍生一些新的方法或理論，如《梅花易數》、《河洛理數》等。

在傳統上，術數功能往往不止於僅作為趨吉避凶的方術，及「能彌綸天地之道」的學問，亦有其「修心養性」的功能，「與道合一」（修道）的內涵。《素問‧上古天真論》：「上古之人，其知道者，法於陰陽，和於術數。」數之意義，不單是外在的算數、歷數、氣數，而是與理學中同等的「道」、「理」--心性的功能，北宋理氣家邵雍對此多有發揮：「聖人之心，是亦數也」、「萬化萬事生乎心」、「心為太極」。《觀物外篇》：「先天之學，心法也。……蓋天地萬物之理，盡在其中矣，心一而不分，則能應萬物。」反過來說，宋代的術數理論，受到當時理學、佛道及宋易影響，認為心性本質上是等同天地之太極。天地萬物氣數規律，能通過內觀自心而有所感知，即是內心也已具備有術數的推演及預測、感知能力；相傳是邵雍所創之《梅花易數》，便是在這樣的背景下誕生。

《易‧文言傳》已有「積善之家，必有餘慶；積不善之家，必有餘殃」之說，至漢代流行的災變說及讖緯說，我國數千年來都認為天災，異常天象（自然現象），皆與一國或一地的施政者失德有關；下

至家族、個人之盛衰，也都與一族一人之德行修養有關。因此，我國術數中除了吉凶盛衰理數之外，人心的德行修養，也是趨吉避凶的一個關鍵因素。

術數與宗教、修道

在這種思想之下，我國術數不單只是附屬於巫術或宗教行為的方術，又往往是一種宗教的修煉手段——通過術數，以知陰陽，乃至合陰陽（道）。「其知道者，法於陰陽，和於術數。」例如，「奇門遁甲」術中，即分為「術奇門」與「法奇門」兩大類。「法奇門」中有大量道教中符籙、手印、存想、內煉的內容，是道教內丹外法的一種重要外法修煉體系。甚至在雷法一系的修煉上，亦大量應用了術數內容。此外，相術、堪輿術中也有修煉望氣（氣的形狀、顏色）的方法；堪輿家除了選擇陰陽宅之吉凶外，也有道教中選擇適合修道環境（法、財、侶、地中的地）的方法，以至通過堪輿術觀察天地山川陰陽之氣，亦成為領悟陰陽金丹大道的一途。

易學體系以外的術數與的少數民族的術數

我國術數中，也有不用或不全用易理作為其理論依據的，如揚雄的《太玄》、司馬光的《潛虛》。也有一些占卜法、雜術不屬於《易經》系統，不過對後世影響較少而已。

外來宗教及少數民族中也有不少雖受漢文化影響（如陰陽、五行、二十八宿等學說。）但仍自成系統的術數，如古代的西夏、突厥、吐魯番等占卜及星占術，藏族中有多種藏傳佛教占卜術、苯教占卜術；北方少數民族有薩滿教占卜術；不少少數民族如水族、白族、布朗族、佤族、彝族、苗族等，皆有占雞（卦）草卜、雞蛋卜等術，納西族的占星術、占卜術，彝族畢摩的推命術、占卜術⋯⋯等等，都是屬於《易經》體系以外的術數。相對上，外國傳入的術數以及其理論，對我國術數影響更大。

曆法、推步術與外來術數的影響

我國的術數與曆法的關係非常緊密。早期的術數中，很多是利用星宿或星宿組合的位置（如某星在某州或某宮某度）付予某種吉凶意義，并據之以推演，例如歲星（木星）、月將（某月太陽所躔之宮次）等。不過，由於不同的古代曆法推步的誤差及歲差的問題，若干年後，其術數所用之星辰的位置，已與真實星辰的位置不一樣了；此如歲星（木星），早期的曆法及術數以十二年為一周期（以應地支），與木星真實周期十一點八六年，每幾十年便錯一宮。後來術家又設一「太歲」的假想星體來解決，是歲星運行的相反，要到雨水節氣後太陽才躔娵訾之次，當時沈括提出了修正，但明清時六壬術中「月將」仍然沿用宋代沈括修正的起法沒有再修正。

由於以真實星象周期的推步術是非常繁複，而且古代星象推步術本身亦有不少誤差，大多數術數除依曆書保留了太陽（節氣）、太陰（月相）的簡單宮次計算外，漸漸形成根據干支、日月等的各自起例，以起出其他具有不同含義的眾多假想星象及神煞系統。唐宋以後，我國絕大部分術數都主要沿用這一系統，也出現了不少完全脫離真實星象的術數，如《子平術》、《紫微斗數》、《鐵版神數》等。後來就連一些利用真實星辰位置的術數，如《七政四餘術》及選擇法中的《天星選擇》，也已與假想星象及神煞混合而使用了。

隨着古代外國曆（推步）、術數的傳入，如唐代傳入的印度曆法及術數，元代傳入的回回曆等，其中我國占星術便吸收了印度占星術中羅睺星、計都星等而形成四餘星，又通過阿拉伯占星術而吸收了其中來自希臘、巴比倫占星術的黃道十二宮、四大（四元素）學說（地、水、火、風），並與我國傳統的二十八宿、五行說、神煞系統並存而形成《七政四餘術》。此外，一些術數中的北斗星名，不用我國傳統的星名：天樞、天璇、天璣、天權、玉衡、開陽、搖光，而是使用來自印度梵文所譯的：貪狼、巨

門、祿存、文曲、廉貞、武曲、破軍等，此明顯是受到唐代從印度傳入的曆法及占星術所影響。如星命術中的《紫微斗數》及堪輿術中的《撼龍經》等文獻中，其星皆用印度譯名。及至清初《時憲曆》，置閏之法則改用西法「定氣」。清代以後的術數，又作過不少的調整。

此外，我國相術中的面相術、手相術，唐宋之際受印度相術影響頗大，至民國初年，又通過翻譯歐西、日本的相術書籍而大量吸收歐西相術的內容，形成了現代我國坊間流行的新式相術。

陰陽學——術數在古代、官方管理及外國的影響

術數在古代社會中一直扮演着一個非常重要的角色，影響層面不單只是某一階層、某一職業、某一年齡的人，而是上自帝王，下至普通百姓，從出生到死亡，不論是生活上的小事如洗髮、出行等，大事如建房、入伙、出兵等，從個人、家族以至國家，從天文、氣象、地理到人事、軍事，從民俗、學術到宗教，都離不開術數的應用。我國最晚在唐代開始，已把以上術數之學，稱作陰陽（學），行術數者稱陰陽人。（敦煌文書、斯四三二七唐《師師漫語話》：「以下說陰陽人謾語話」，此說法後來傳入日本，今日本人稱行術數者為「陰陽師」）。一直到了清末，欽天監中負責陰陽術數的官員中，以及民間術數之士，仍名陰陽生。

古代政府的中欽天監（司天監），除了負責天文、曆法、輿地之外，亦精通其他如星占、選擇、堪輿等術數，除在皇室人員及朝庭中應用外，也定期頒行日書、修定術數，使民間對於天文、日曆用事吉凶及使用其他術數時，有所依從。

我國古代政府對官方及民間陰陽學及陰陽官員，從其內容、人員的選拔、培訓、認證、考核、律法監管等，都有制度。至明清兩代，其制度更為完善、嚴格。

宋代官學之中，課程中已有陰陽學及其考試的內容。（宋徽宗崇寧三年〔一一零四年〕崇寧算學令：「諸學生習……並曆算、三式、天文書。」「諸試……三式即射覆及預占三日陰陽風雨。天文即預

定一月或一季分野災祥，並以依經備草合問為通。」

金代司天臺，從民間「草澤人」（即民間習術數人士）考試選拔：「其試之制，以《宣明曆》試推步，及《婚書》、《地理新書》試合婚、安葬，並《易》筮法、六壬課、三命、五星之術。」（《金史》卷五十一·志第三十二·選舉一）

元代為進一步加強官方陰陽學對民間的影響、管理、控制及培育，除沿襲宋代、金代在司天監掌管陰陽學及中央的官學陰陽學課程之外，更在地方上增設陰陽學教授員（《元史·選舉志一》：「世祖至元二十八年夏六月始置諸路陰陽學。」）地方上也設陰陽學教授員，培育及管轄地方陰陽人。（《元史·選舉志一》：「（元仁宗）延祐初，令陰陽人依儒醫例，於路、府、州設教授員，凡陰陽人皆管轄之，而上屬於太史焉。」）自此，民間的陰陽術士（陰陽人），被納入官方的管轄之下。

至明清兩代，陰陽學制度更為完善。中央欽天監掌管陰陽學，明代地方縣設陰陽學正術，各州設陰陽學典術，各縣設陰陽學訓術。陰陽人從地方陰陽學肄業或被選拔出來後，再送到欽天監考試。（《大明會典》卷二二三：「凡天下府州縣舉到陰陽人堪任正術等官者，俱從吏部送（欽天監），考中，送回選用；不中者發回原籍為民，原保官吏治罪。」）清代大致沿用明制，凡陰陽術數之流，悉歸中央欽天監及地方陰陽官員管理、培訓、認證。至今尚有「紹興府陰陽印」、「東光縣陰陽學記」等明代銅印，及某某縣某某之清代陰陽執照等傳世。

清代欽天監漏刻科對官員要求甚為嚴格。《大清會典》「國子監」規定：「凡算學之教，設肄業生。滿洲十有二人，蒙古、漢軍各六人，於各旗官學內考取。漢十有二人，於舉人、貢監生童內考取。」學生在官學肄業、貢監生肄業或考得舉人後，經過了五年對天文、算法、陰陽學的學習，其中精通陰陽術數者，會送往漏刻科。而在欽天監供職的官員，《大清會典則例》「欽天監」規定：「本監官生三年考核一次，術業精通者，保題升用。不及者，停其升轉，再加學習。如能黽

六

勉供職，即予開復。仍不及者，降職一等，再令學習三年，能習熟者，准予開復，仍不能者，黜退。」

除定期考核以定其升用降職外，《大清律例》中對陰陽術不準確的推斷（妄言禍福）是要治罪的。

《大清律例・一七八・術七・妄言禍福》：「凡陰陽術士，不許於大小文武官員之家妄言禍福，違者杖

一百。其依經推算星命卜課，不在禁限。」大小文武官員延請的陰陽術士，自然是以欽天監漏刻科官員

或地方陰陽官員為主。

官方陰陽學制度也影響鄰國如朝鮮、日本、越南等地，一直到了民國時期，鄰國仍然沿用着我國的

多種術數。而我國的漢族術數，在古代甚至影響遍及西夏、突厥、吐蕃、阿拉伯、印度、東南亞諸國。

術數研究

術數在我國古代社會雖然影響深遠，「是傳統中國理念中的一門科學，從傳統的陰陽、五行、九

宮、八卦、河圖、洛書等觀念作大自然的研究。……傳統中國的天文學、數學、煉丹術等，要到上世紀

中葉始受世界學者肯定。可是，術數還未受到應得的注意。術數在傳統中國科技史、思想史，文化史、

社會史，甚至軍事史都有一定的影響。……更進一步了解術數，我們將更能了解中國歷史的全貌。」

（何丙郁《術數、天文與醫學中國科技史的新視野》，香港城市大學中國文化中心。）

可是術數至今一直不受正統學界所重視，加上術家藏秘自珍，又揚言天機不可洩漏，「（術數）乃

吾國科學與哲學融貫而成一種學說，數千年來傳衍嬗變，或隱或現，全賴一二有心人為之繼續維繫，賴

以不絕，其中確有學術上研究之價值，非徒癡人說夢，荒誕不經之謂也。其所以至今不能在科學中成立

一種地位者，實有數因。蓋古代士大夫階級目醫卜星相為九流之學，多恥道之；而發明諸大師又故為恍

恍迷離之辭，以待後人探索；間有一二賢者有所發明，亦秘莫如深，既恐洩天地之秘，復恐譏為旁門左

道，始終不肯公開研究，成立一有系統說明之書籍，貽之後世。故居今日而欲研究此種學術，實一極困

難之事。」（民國徐樂吾《子平真詮評註》，方重審序）

現存的術數古籍，除極少數是唐、宋、元的版本外，絕大多數是明、清兩代的版本。其內容也主要是明、清兩代流行的術數，唐宋或以前的術數及其書籍，大部分均已失傳，只能從史料記載、出土文獻、敦煌遺書中稍窺一鱗半爪。

術數版本

坊間術數古籍版本，大多是晚清書坊之翻刻本及民國書賈之重排本，其中豕亥魚魯，或任意增刪，往往文意全非，以至不能卒讀。現今不論是術數愛好者，還是民俗、史學、社會、文化、版本等學術研究者，要想得一常見術數書籍的善本、原版，已經非常困難，更遑論如稿本、鈔本、孤本等珍稀版本。在文獻不足及缺乏善本的情況下，要想對術數的源流、理法、及其影響，作全面深入的研究，幾不可能。

有見及此，本叢刊編校小組經多年努力及多方協助，在海內外搜羅了二十世紀六十年代以前漢文為主的術數類善本、珍本、鈔本、孤本、稿本、批校本等數百種，精選出其中最佳版本，分別輯入兩個系列：

一、心一堂術數古籍珍本叢刊
二、心一堂術數古籍整理叢刊

前者以最新數碼（數位）技術清理、修復珍本原本的版面，更正明顯的錯訛，部分善本更以原色彩色精印，務求更勝原本。并以每百多種珍本、一百二十冊為一輯，分輯出版，以饗讀者。

後者延請、稿約有關專家、學者，以善本、珍本等作底本，參以其他版本，古籍進行審定、校勘、注釋，務求打造一最善版本，方便現代人閱讀、理解、研究等之用。

限於編校小組的水平，版本選擇及考證、文字修正、提要內容等方面，恐有疏漏及舛誤之處，懇請方家不吝指正。

心一堂術數古籍 整理 叢刊編校小組
二零零九年七月序
二零一四年九月第三次修訂

選吉探原

張謇

唐序

序樹珊大六壬探原竟。又讀其選吉探原。其論幹枝方位、刑尅化合都非吾所能解。

惟辨誣附錄兩篇中所載諸論釋尤見其根柢精純識解超卓斷非東漁西獵稍窺

一班者所能望其項背而論嫁娶喪葬尤多關於人心世道之言是亦因技而寫道

矣夫人之選吉以避凶也好吉而惡凶固為人情之所同然有恣睢暴戾陰賊險很

貪於貨賄漁於顏色在家則悖其親在朝則賣其友臨下則剝其民

大之肆毒於天下小之武斷於鄉曲天奪其魄而不知也鬼瞰其室而弗顧也是有

凶德號為凶人也然而一繕造必選吉方一婚嫁必選吉日一塋葬必選吉地其好吉

而惡凶亦猶之人也獨於其己身之形骸百體凶言凶行不知惡而去之易曰積善

之家必有餘慶積不善之家必有餘殃書曰惠迪吉從逆凶乃如之人為慶為殃為

吉為凶不必待之蓍龜而後可斷也假令有一衛焉可轉其殃而為慶易凶而為吉

則王莽持虞帝匕首天文郎按栻於前日加時某莽輒旋席隨斗柄而坐顧千刀之

擇吉探原　周序

戟。何以及於漸臺哉善乎王朗川引慧湖先訓也曰心吉則百事皆吉古人於為善者命曰吉人世間凶神惡煞何處干犯得他吾請續其言曰心凶則百事皆凶惡之人與凶神惡煞正是氣類相感不召自至雖有祥星吉曜恐亦望然去之世固有雄藩巨鎮篤信拘忌而孤虛旺相奉之如神卒之奔亡淪陷而不可救者此不得歸咎於術人之疏也敢以此告世之為人選吉者並以告世之有事於選吉者又不如樹珊開吾言而以為何如也乙丑五月丙子朔越十有八日癸巳小暑節丹陽周

邦治撰於都門

二

自序

拙著選吉探原甫脫稿就正於楊君石葭石葭欣然謂余曰子知選吉要道太歲歲
破大凶三煞亦大凶又知某日宜某事某日不宜某事稽考古籍纂述成書以此示
人俾知趨避意良美也吾家世鄉居日與羽族習有目觀二事為子言之既可證選
吉之說又可見物理之通小物不遺儻在於是夫鵲善營巢人所知也至每年坐向
各有不同人或不察余嘗留意及之凡子寅辰午申戌六陽年所搆者巢之門戶坐
東西不向南北丑卯巳未酉亥六陰年所搆者巢之門戶坐南北不向東西數十年
來歷驗不爽此非避歲破三煞而何耶又梁燕作巢終日辛勤無時或輟惟戊巳二
日決不御泥築壘只見其飛翔瞻顧而已此非避戊巳凶煞而何耶夫物類如鵲燕
渺乎小矣乃其智識竟與人不謀而合亦可異矣余聞之憬然曰君誠有心人也晝
讀博物志云鵲巢門戶皆背太歲抱朴子云鶴知半夜燕知戊巳竊嘆烏之巧讓天
機竟能如此然猶疑信參半今聞君言若合符契益信選擇家所謂太歲可坐不可

擇吉探原　自序

四

向。三煞可向不可坐與夫五黃煞戊己煞、均忌動土之說衡之於理、既鑿然不易驗

之於物、益信而有徵。可知選擇之學自秦漢以迄於今、數千年來得以相傳於勿墜

者、固有自來也。楊君曰唯是次往復之說弁於簡端以告世之侈譚高遠而鄙選擇

之學為不足道者。

中華民國十二年歲次癸亥處暑前九日鎮江袁阜樹珊甫自識於丹徒城西之潤

德堂

題辭 謹以拜刻先後為序

江都袁子人中素垂簾賣卜真清高耻投將軍作揖客煙雲落紙頻揮毫金神七煞

不可犯董氏新書說荒誕蔣氏名雲號奇峯假託銀峯無忌憚辛讀先生辨撰篇令

我一讀一欣然能道前人所未道婆心苦口書重編周年六十甲子表趨吉避凶期

賣早不假思索一望知良辰選擇世所寶選年月日兼選時吉凶神煞明辨之月表

須知如指掌宜忌分剖確無疑衰旺神煞分體用體用二字宜並重不辨衰旺泥神

煞吳蒼癡人常說夢千金歌劍楊筠松三奇諸德吉制凶先生一一皆列表讀者豁

然能貫通上卷利用下附錄令我不厭百回讀搜羅摩書芊復年始知博雅超凡俗

先生培植在根源醒時能教薄俗敦得見天心善講易邵子康節許同論命理六壬

有著作兩書問世惠後學選吉探原又刊成立論更不同穿鑿先失儒雅亦風流隱

於市塵又何求利鎖名韁不屑道著書壽世自千秋先生善機最洋溢渴世家食亦

選吉探原 題辭

丹徒胡光發壹山

良吉逃名名播海內知不讓隨圓才子筆

廬卿

濟時心事兩淒清慙愧儒生浪得名未畬涓埃刊易鑰

難蟲得失幾勞形誦吉書成覺世經多少興亡向誰訴千秋隱憾涕飄零

丹徒李丙榮樹人

可偉著述老

先祖肇修明經有
易鑰四卷未梓

或未凶參悟其中真奧突怡然志趣樂雍容

探本窮原立正宗禍福無門惟自召災祥異路究奧從心田池吉終為吉時日達凶

知有準鈞元提要耐尋研義君成己兼成物效彼前賢覺後賢

命理探原刊歷年六壬選吉又齋編筆參造化解精蘊學究天人義博淵涓吉除凶滿天星宿盡羅胸

丹徒劉富彭仰葭

天紀地方自有真推原其故重斯人莫云我輩非前輩但問來因與去因向背從違

審神煞吉凶禍福辨星辰刪繁就簡精微奧大集觥觥劘切陳

江浦趙恩忠叔讓

天意夢夢甚知原不厭希避凶自趨吉杜漸更防微恨事向誰說狂歌悔昨非得君

先指導契彼聖人幾

丹徒殷　煦和卿

莫謂時風信不迷天心克見執參稽窮途落窑嗟搔首古道淪亡悔噬臍趨吉避凶

周易理頒時正朔漢皇圭誰非黃種何歧異袁子傳經儼照縈

選吉探原手一編條分縷晰燭機先傳心甲子羲皇聖確算陰陽管輅仙附錄能教

風俗厚辨訛直使怪犀然靜觀燕鵲知趨避人最靈明莫誤偏

丹徒道受章晉之

列傳曾將日者編龍門體例已開先知君心法承康節妙理研求心自尊

丹徒趙清綬紹森

懶讀坊間諏吉書瞽魚亥豕半糢糊洛陽紙貴增聲價通德類情反覺蕪

丹徒李正學崇甫

謹慎君恭事知幾守易經思維趨吉日研究避凶星關我機緣凌天人布算靈等身

選吉探原　題辭

選吉探原　題辭

鏡著述心慧本瓏玲

贊曰才大如海心細於髮探本窮原不矜不伐
　　　　　　　　　　　　　　江浦金掄元殿英

贊曰其理精微目無餘子其思無邪吉祥止止
　　　　　　　　　　　　　　江寧趙惟清臨川

選吉探原凡例

一邱平甫選吉歌云。方方位位煞神臨。避得山過尚又侵。只有山家真旺處天機妙處好留心枝如不合幹中取迎福消凶旺處尋任是羅睺陰府煞也須藏伏九泉陰讀此可知選吉以幹枝衰旺為體方位神煞為用若泥於神煞不辨衰旺有用無體豈能迎福消凶乎本編大旨。論神煞則專以隨從太歲月建之重要者為主論選吉造葬則以幹枝正五行旺氣扶龍補山益化命助本命為主其餘瑣碎怪異之姻嫁娶開市交易栽種牧養等事則以輔佐值事人本命為主入學上官婚神煞概置不論。

一協紀辨方書所載神煞雖多而開山立向修方吉者年家惟歲德歲德合歲枝德歲祿歲馬陽貴陰貴奏書博士三元紫白而巳月家亦惟天道天德天德合月德月德合月空貴人祿馬三元紫白八節三奇而巳蓋山黃道通天竅走馬六壬四利三元按其實際與歲德歲德合小異大同本編論開山立向修方皆基於

此、年家只載歲德、歲德合月家亦只載天道、天德諸吉神、餘均不論、惟精惟一、庶趨避較簡易爾。

一本編開山立向修方凶者年家只載太歲、歲破、劫煞、災煞、歲煞、伏兵、大禍、五黃戊已都天、月家只載月建、月破、劫煞、災煞、月煞、餘均不論、協紀辨方書云太歲、歲破不可犯、三煞猶可制化、況其他乎、可見真正凶煞惟此數者而已、至陰府年尅打、頭火浮天空亡、大小月建、協紀利用篇多非讀之不得謂為凶煞、故概置不論、其餘小煞更不足道也。

一本編月表以月為綱、以日為目、月首起建歷建除滿平定執破危成收開閉、而十二枝咸備、每枝分五幹、而六十甲子咸備、按照逐月幹枝凡吉神多者應宜各事、恣遵協紀辨方書逐日註明凶煞多者應忌各事、概不列入大凶之日、即註諸事不宜、其有註一概無取著因只不宜本編所載祭祀祈福求嗣入學上官赴任結婚姻嫁娶移徙安床修造動土豎柱上梁開市立券交易栽種牧養破土安葬啟攢一十九事、而協紀辨方書所載沐浴剃頭整手足甲伐木捕捉畋獵等事是日

或有註宜者因此等事於人生關係至微為本編所不選及。故只註一概無取以示區別耳。

一選吉要道書有明文視事體之大小緩急辨神煞之向背從違萬年書載御用六十七事民用三十七事通書亦載選吉有六十事。可謂完備而詳明矣本編僅擇其為人民所常用如上條所載之十九事名目雖減少而敬天地孝父母教子孫飲尊倫與夫冠婚喪祭士農工商所恆需者悉已包括無遺善用者觸類旁通必可左宜右有無取乎繁瑣為也。

一本編選年篇載明廿四山向及年家吉凶神煞執宜執忌凡選吉造葬者一經檢查自能明曉。

一本編選月篇亦載明開山立向修方吉凶神煞細心檢查則山向方道之吉凶瞭如指掌而修造葬埋執宜執忌立可解決。

一本編選日篇載明值事人本命凶煞幹枝表凡選吉日總以值事人本命不犯枝衝三煞天罡四旺煞乃為十全其有不及迴避枝衝而能不犯本命八煞者亦能

召福閱者慎毋忽之。

一本編選時篇最為簡明凡與值事人本命及所用山方所選之年月日生扶拱合。或得戈生貴人祿馬貴登天門四大吉時者皆為吉時與值事人本命及所用山方所選年月日等處犯刑衝剋害者皆為凶時至六十甲子時家吉凶神煞概置不論庶免吉凶聚訟無所適從之患。

一本編月表逐日幹枝註宜之事乃是固定不移其中有隨太歲幹枝變更吉凶者如上朔歲破是也。有隨節氣變更吉凶者如土王用事四離四絕氣往亡是也。有隨日期變更吉凶者如月朔月望、十五日、義同。月晦月忌及周堂圖值夫婦翁姑是也。閱者須將月表須知數條細心熟玩始無遺誤他如結婚姻嫁娶是兩事動土破土亦是兩事世俗不察每多貽誤故特冠之於首。

一協紀辨方書云五行名目多不可言要以正五行為本俗術不明此義勢必動輒得咎無所適從如以甲山而論正五行屬木洪範五行則屬水陰府五行則屬土墓龍變演則又屬火或又屬金行止有五而一山已占其四一年月日時而幹枝、

納音化氣又占其四求其不尅不亦難乎此誠破的之論也本編謹遵此言利用
篇所採皆先賢造命真詮尊以正五行為標準其他駁雜不純似是而非者不錄
至吳興沈亮功所立補龍表其法本諸補龍古課堪為二十四龍取局之用淺顯
易明尤為捷訣特取用焉若修造安葬權法雖屬變通實有至理造葬者苟山方
不利或為天時人事所限儘可如法用之。

一邱平甫云諸家年月多差舛惟有紫白卻可憑桑道茂及一行禪師又云紫白所
到方不避太歲將軍官符諸凶不避宅長一切凶年惟不能制天罡四旺煞而已
則紫白之吉古所共宗就此觀之天罡四旺煞之凶概可想見而歲破劫煞災煞
歲煞伏兵大禍之凶其力尤大更當謹避故本編於年月紫白表中不惜一再言
之。

一楊筠松千金歌云三奇諸德能降煞吉制凶神發福多可見三奇諸德之吉足以
制伏中煞小煞故本編於三奇諸德一一列表載明而於三奇尤為詳細庶閱者
易於檢查。

一辨講四篇其一為大偷修日通書美其名為諸神朝天謂為動土破土可以肆無

忌憚其二為重復日有不忌葬埋而世俗有誤為概忌葬埋者其三為二十八宿

本無吉凶五匣記指吉為吉指凶為凶。轉使真吉真凶不能趨避其四為董氏諏

吉新書選吉之道並無真詮惟諑人以黃羅紫檀金銀寶藏田塘庫珠嘯人以損

長幼招官司蛇傷虎咬使人不信此皆講言謬說最足誤人者不可不辨

一選擇宗鏡云大煞避之中煞制之小煞可不必論但得八字停當吉星照臨自然

貞吉若捏造之假煞刪之而巳。如楊公忌紅沙天狗日上兀下兀四不祥九良星

披蔴煞斧頭煞魯班煞星曜煞衝丁煞消滅煞山方煞李廣箭流太歲天地燥

火黃泉八煞金神七煞天地轉煞入地空亡種種名目不勝枚舉毫無義理概從

刪除

一附錄十三篇始則說明建寅不始於夏及建除十二神由來已久與夫四六吉時

之詳解繼則歷敍婚嫁喪葬之禮並誌石墓碑之必要終則殿之以夏氏擇日之

神妙俾資藉鏡非辭費也

一本編法雖簡易語必求詳俾人人得識普通選吉之道惟著者俞筮緯淺定所不免仍希海內博雅君子惠以教言匡其不逮則幸甚幸甚

選吉探原 凡例

一六

選吉探原卷上目錄

選吉探原　目錄

選吉探原　目錄

六

選吉探原卷上

潤德堂叢書之四

鎮江　袁樹珊　著

選年篇

選年大旨

清會典載萬年書御用六十七事民用三十七事通書亦載選吉有六十事可謂鉅
細靡遺矣本編刪繁就簡擇其為家常日用四民所恆有者曰祭祀曰祈福曰求嗣
曰入學曰上官赴任曰結婚姻曰嫁娶曰移徙曰安床曰修造動土曰豎柱上梁曰
開市曰立券曰交易曰栽種曰牧養曰破土曰安葬曰啟攢凡十九事此十九事中
惟修造動土豎柱上梁破土安葬啟攢必須值年太歲與所用之山向所修之方道
得三元紫白及浹德歲德合陽貴人陰貴人歲祿歲馬奏書博士到宮者始為通利
無則次之若犯太歲、歲破、劫煞、災煞、歲煞、伏兵、大禍、五黃、戊己都天、不忌者。詳見後

說諸大惡煞者萬不可用若山向方道得紫白諸吉又不犯諸大惡煞而宅長本命。

脩造諸事化命祭主本命。

嫁娶只須男女冠拜及年即可選吉成禮不必選年俗書雖載男婚凶年女嫁凶年

按其起例毫無義理殊不足信其他十三事時日吉利即可舉行更無選年之說矣

值年太歲即六十甲子。每年一位。以次順序是也。

甲子乙丑海中金　丙寅丁卯爐中火　戊辰己巳大林木　庚午辛未路傍土

壬申癸酉劍鋒金　甲戌乙亥山頭火　丙子丁丑澗下水　戊寅己卯城頭土

庚辰辛巳白蠟金　壬午癸未楊柳木　甲申乙酉泉中水　丙戌丁亥屋上土

戊子己丑霹靂火　庚寅辛卯松柏木　壬辰癸巳長流水　甲午乙未沙中金

丙申丁酉山下火　戊戌己亥平地木　庚子辛丑壁上土　壬寅癸卯金箔金

甲辰乙巳覆燈火　丙午丁未天河水　戊申己酉大驛土　庚戌辛亥釵釧金

壬子癸丑桑柘木　甲寅乙卯大溪水　丙辰丁巳沙中土　戊午己未天上火

庚申辛酉石榴木　壬戌癸亥大海水

二十四山向

乾山巽向兼亥巳
癸山丁向兼丑未
艮山坤向兼寅申
乙山辛向兼辰戌
自乾山巽向兼亥巳至艮山坤向兼丑未。
巽山乾向兼巳亥
丁山癸向兼未丑
自巽山乾向兼巳亥至坤山艮向兼未丑。
坤山艮向兼申寅
辛山乙向兼戌辰
自坤山艮向兼申寅至乾山巽向兼戌辰忌用坐三煞亥、卯、未、及衡山年月日時。

亥山巳向兼乾巽
丑山未向兼癸丁
寅山申向兼艮坤
辰山戌向兼乙辛
巳山亥向兼巽乾
未山丑向兼丁癸
申山寅向兼坤艮
戌山辰向兼辛乙
乾山巽向兼戌辰

壬山丙向兼亥巳（壬丙　子午丁）
艮山坤向兼丑未
甲山庚向兼寅申（甲庚　卯酉）
巽山乾向兼辰戌
丙山壬向兼巳亥（丙壬　午子）
坤山艮向兼未丑
庚山甲向兼申寅（庚甲　酉卯）
乾山巽向兼戌辰

子山午向兼壬丙（壬丙　癸丁）
卯山酉向兼甲庚（甲庚　乙辛）
午山子向兼丙壬（丙壬　丁癸）
酉山卯向兼庚甲（庚甲　辛乙）

艮山坤向兼丑未忌用坐三煞寅、午、戌、及衡山年月日時。
巽山乾向兼辰戌忌用坐三煞巳、酉、丑、及衡山年月日時。
坤山艮向兼未丑忌用坐三煞申、子、辰、及衡山年月日時。
乾山巽向兼戌辰忌用坐三煞亥、卯、未、及衡山年月日時。

選吉探原　卷上

按凡為修造葬埋選擇吉期務將上列二十四山向仔細查看約言之坐北朝南者忌用寅午戌年月日時坐東朝西者忌用巳酉丑年月日時坐西朝東者忌用亥卯未年月日時坐南朝北者忌用申子辰年月日時此皆坐三煞也主大凶若乾山巽向兼亥巳則忌用巳年巳月巳日巳時乾山巽向兼戌辰則忌用辰年辰月辰日辰時如此之類皆為衝山亦主大凶

年三元九星表矣尊選紫白到山、到向、到方用之。則不犯五黃。如與歲破、三煞、伏兵、大禍同臨仍忌。

四

上								
中								
下								
甲子	乙丑	丙寅	丁卯	戊辰	己巳	庚午	辛未	壬申
癸酉	甲戌	乙亥	丙子	丁丑	戊寅	己卯	庚辰	辛巳
壬午	癸未	甲申	乙酉	丙戌	丁亥	戊子	己丑	庚寅
辛卯	壬辰	癸巳	甲午	乙未	丙申	丁酉	戊戌	己亥
庚子	辛丑	壬寅	癸卯	甲辰	乙巳	丙午	丁未	戊申
己酉	庚戌	辛亥	壬子	癸丑	甲寅	乙卯	丙辰	丁巳

元	元	元		
一白	四綠	七赤	中乾兌艮離坎坤震巽	戊午
二黑	五黄	八白	乾兌艮離坎坤震巽中	巳未
三碧	六白	九紫	兌艮離坎坤震巽中乾	庚申
四綠	七赤	一白	艮離坎坤震巽中乾兌	辛酉
五黄	八白	二黑	離坎坤震巽中乾兌艮	壬戌
六白	九紫	三碧	坎坤震巽中乾兌艮離	癸亥
七赤	一白	四綠	坤震巽中乾兌艮離坎	
八白	二黑	五黄	震巽中乾兌艮離坎坤	
九紫	三碧	六白	巽中乾兌艮離坎坤震	

三元九星。以紫白為吉其原始於黄帝遁甲經。一白在坎配休門。二黑在坤配死門。三碧在震配傷門。四綠在巽配杜門。五黄在中宮不配門。六白在乾配開門。七

赤在兌配驚門八白在艮配生門九紫在離配景門八門之中以休生景開為吉

故九星之中以一白六白八白九紫為吉也其法上元甲子年中宮起一白乙丑

年中宮起九紫俱順飛九星入中之星每年遞退一位蓋星順行而前則入中之

星自不得不退行而後修造者如其方遇紫白飛到則吉遇五黃飛到則凶如盤

戊已則更凶動土修塋犯之主災

假如民國十二年癸亥本屬上元檢查此表上元癸亥年即知一白到坎二黑到

坤三碧到震四綠到巽五黃到中六白到乾七赤到兌八白到艮九紫到離約言

之紫白到方為吉五黃到方為凶戊已為尤凶黑碧綠赤無取今一白到坎六

白到乾八白到艮九紫到離凡此四卦皆為吉方經云一白管三山坎卦壬子癸

三山乾卦戌乾亥三山艮卦丑艮寅三山離卦丙午丁三山凡此十二山雖太歲

坐山太歲衝命均可動土破土桑道茂云紫白所到方不避太歲諸凶不避宅長

一切凶年曾文逬云太歲盤吉星則貢福此之謂也若再得歲德歲德合諸大吉

神同臨更為通利若與歲破劫煞災煞歲煞伏兵大禍同臨仍以凶論造葬大事

究不可用。至於五黃到中則中宮為凶方一切不利。二黑到坤。三碧到震。四綠到巽七赤到兌則未坤申屬坤卦甲卯乙屬震卦辰巽巳屬巽卦庚酉辛屬兌卦此十二山皆無取如得吉神同臨亦可用餘倣此

按民國十三年甲子即交中元當視中元所載之紫白為準逾六十年後即交下元當視下元所載之紫白為準周而復始皆作如是覷也。

歲幹吉神表 開山、立向、修方吉者。

方位	歲幹									
	甲	乙	丙	丁	戊	己	庚	辛	壬	癸
歲德	甲	庚	丙	壬	戊	甲	庚	丙	壬	戊
歲德合	己	乙	辛	丁	癸	己	乙	辛	丁	癸
歲祿	寅	卯	巳	午	巳	午	申	酉	亥	子
陽貴	未	申	酉	亥	丑	子	丑	寅	卯	巳
陰貴	丑	子	亥	酉	未	申	未	午	巳	卯

選吉探原 卷上

八

按曾門經云。歲德者歲中德神也所理之地萬福咸集衆殊自避考原云歲德合者歲德五合之幹是也協紀辨方書云歲德與歲德合並屬上吉有宜無忌又云歲祿者歲幹臨官方也有方盛之象姦海集云天乙貴人有陰陽之分實得陰陽配合之和能為吉慶可解凶厄此皆歲幹上吉之神所臨之處修造葬埋莫不大利。

歲幹凶煞表開山、立向、修方凶者、如炙太歲併五黄、或併月建、則為大凶。

方位	歲幹									
	甲	乙	丙	丁	戊	己	庚	辛	壬	癸
戊都天	寅	戌	申	午	辰	寅	戌	申	午	未
己都天	巳	卯	亥	酉	未	巳	卯	亥	酉	未
	子									丑

協紀辨方書曰。戊己屬土忌動土。猶土王用事忌動土之義。惟戊癸年戊為歲德。甲己年己為歲德。歲德合可以化之不作凶論。如乙卯年卯山。乙丑年丑山丙戌年戌山。丁酉年酉山。庚寅年寅山。庚子年子山辛亥年亥山。壬申年申山戊己疊太歲。

三八

為堆黃煞凶不可制或與年月五黃併或與月建併皆凶凡修造葬埋萬不可犯。

餘年不論到山到向到方得紫白德合貴人祿馬解之仍可用。

按戊己都天如不疊太歲不併五黃不併月建即為次凶故日得紫白等解之可用。惟必須慎重再三非可孟浪從事也。

歲枝吉神表 開山、立向、修方吉者。

方位＼歲枝	子	丑	寅	卯	辰	巳	午	未	申	酉	戌	亥
歲枝德	巳	午	未	申	酉	戌	亥	子	丑	寅	卯	辰
歲馬	寅	亥	申	巳	寅	亥	申	巳	寅	亥	申	巳
奏書	乾	艮	艮	艮	巽	巽	巽	坤	坤	坤	乾	乾
博士	巽	巽	坤	坤	坤	乾	乾	乾	艮	艮	艮	巽

按神樞經云歲枝德者歲中德神也所理之方利以興造舉動眾務又云驛馬者驛騎也宜封贈官爵召命公卿遠行赴任移徙遷居協紀辨方書云驛馬有從年枝取者有從日枝取者其義例皆與月同是歲馬即年家驛馬也玩其語氣其為

吉神可知廣聖歷云奏書者歲之貴神也所理之地宜祭祀求福營建宮室修飾垣墻又云博士者歲之善神也所居之方利於興修此皆歲枝上吉之神所臨之處修造葬埋必期獲福。

歲枝凶煞表　開山、立向、修方凶者。

方位＼歲枝	子	丑	寅	卯	辰	巳	午	未	申	酉	戌	亥
太歲	子	丑	寅	卯	辰	巳	午	未	申	酉	戌	亥
歲破	午	未	申	酉	戌	亥	子	丑	寅	卯	辰	巳
劫煞	巳	寅	亥	申	巳	寅	亥	申	巳	寅	亥	申
災煞	午	卯	子	酉	午	卯	子	酉	午	卯	子	酉
歲煞	未	辰	丑	戌	未	辰	丑	戌	未	辰	丑	戌
伏兵	丙	甲	壬	庚	丙	甲	壬	庚	丙	甲	壬	庚
大禍	丁	乙	癸	辛	丁	乙	癸	辛	丁	乙	癸	辛

假如癸亥年用事。先檢查歲幹吉神表即知癸亥年歲德到戌山，戌即中宮。蓋二十四山無戌巳也。

歲德合到癸山歲祿到子山陽貴到巳山陰貴到卯山凡此五山皆為吉山再查

歲枝吉神表即知癸亥年歲枝德到辰山歲馬到巳山奏書到乾山亥　戊乾　博士到巽

山。辰巽凡此四山亦為吉山然後再查歲幹歲枝凶煞表即知癸亥年戌都天到午

山巳都天到未山太歲破到巳山劫煞到申山災煞到酉山歲煞到戌

山伏兵到庚山大禍到辛山凡此九山皆為凶山吉凶互較是巳山雖值陽貴歲

馬而歲破臨之凶不可遏造葬大事仍不宜用午山雖值戌都天而逢歲德又值

九紫仍為通利未山雖值巳都天不叠太歲不值五黃得吉化解亦可用惟亥山

值太歲申山劫煞酉山值災煞戌山值歲煞庚山值伏兵辛山值大禍例無化

解勿造勿葬可也。餘如癸山子山卯山辰山乾山巽山皆為通利其他各山次之

為空利方凡修造葬埋一切大事再選吉月吉日吉時以輔佐之則獲福徵捷

於影響矣。

按神樞經云。太歲人君之象率領諸神統鎮方位斡運時序總成歲功以上元闢

逢困敦之歲起建於子。歲徙一位。十二年一週若國家巡狩省方出師略地營造

宮闕開拓封疆不可向之。黎庶修營宅舍築壘墻垣並須迴避。廣聖歷云歲破者

太歲所衝之辰也。其地不可與造移徙遠行犯者主損財物及害家長惟戰伐向

之吉神櫃經云劫煞者歲之陰氣也。所理之方忌有興造犯之主有劫盜傷殺之

事又云災煞者所理之方不可抵向營造犯之主有病患廣聖歷云歲煞之地不

可穿鑿修營移徙犯之主傷子孫六畜歷例云伏兵大禍者所理之方忌出兵行

師及修造犯之主有兵傷刑戰之咎此皆歲枝之凶煞所臨之方修造葬埋務宜

迴避。

幹枝正五行

甲乙寅卯屬木。　丙丁巳午屬火。　庚辛申酉屬金。　壬癸亥子屬水。　戊己辰戌

丑未屬土。

八卦正五行

兌、乾屬金。　坎屬水。　離屬火。　震、巽屬木。　艮坤屬土。

山向。兌即酉坎即子離即午震即卯惟乾坤艮巽在四維入用乾金左從亥水右

從戌土巽木左從巳火右從辰土坤土左從申金右從未土艮土左從

丑土一應生尅制化皆以正五行為用此五行本性也

五行相尅

金尅木　木尅土　土尅水　水尅火　火尅金

六衝

子午衝。丑未衝。寅申衝。卯酉衝。辰戌衝。巳亥衝。

如太歲癸亥而宅長本命丁巳。修造或葬者化命及祭主本命丁巳。葬埋歲幹癸水

尅丁火命歲枝亥衝巳命此為天尅地衝又為旬衝或癸巳本命歲幹癸水比癸命

歲枝亥衝巳命此為天比地衝又為正衝其凶無匹即巳命與太歲亥單衝亦主

大凶。經云。太歲衝命最凶月次之日又次之時為輕此之謂也。其他本命與太歲

不衝者只要山向方道。不犯諸大惡煞均可選吉用事俗謂子年子命丑年丑命

不利動土破土者非是至修造以家長一人為主家長利一家自利葬埋以化命

為主亡者安生者自安再兼看祭主則更周密矣其餘之人皆不必看卽遇有犯

術者臨時迴避片刻可也。

選月篇

選月大旨

修造葬埋既查明所用山向所修方道合得三元紫白等吉神又不犯諸大惡煞而

宅長本命事　修造葬者化命祭主本命　葬埋又與太歲不犯衝尅再選吉月用事自應依

往成宜若年吉月凶依然不利月家吉神如孟仲季之紫白八節九宮之三奇天德

天德合月德合月空陽貴人陰貴人飛天祿飛天馬皆為最重要者若值天德

開山大利到向則立向大利到方則修方大利並能化解一切惡煞若遇值年太歲

歲破劫煞災煞歲煞伏兵大禍五黃戊已都天盜太歲仍不可用月家凶煞如孟仲

李之五黃月建月破月厭月刑月害劫煞災煞月煞皆不宜到山到向到方若與值

年諸大凶煞同宮則動輒得咎更不宜用其詳見後。至嫁娶無須擇月俗書雖有行

嫁大小利月及妨翁姑妨女父母妨夫主妨女身之說協紀辨方書早經辭闢故不

贅言其餘各事更無有拘於選月者矣。

月三元九星表　凡紫白到山方者皆吉、五黄皆凶、黑碧綠赤無取、故以大小字列之。

上元（仲年為）	中元（季年為）	下元（孟年為）	正	二	三	四	五	六	七	八	九	十	十一	十二
八白	五黄	二黑	乾	兌	艮	離	坎	坤	震	巽	中	乾	兌	艮
九紫	六白	三碧	兌	艮	離	坎	坤	震	巽	中	乾	兌	艮	離
一白	七赤	四綠	艮	離	坎	坤	震	巽	中	乾	兌	艮	離	坎
二黑	八白	五黄	離	坎	坤	震	巽	中	乾	兌	艮	離	坎	坤
三碧	九紫	六白	坎	坤	震	巽	中	乾	兌	艮	離	坎	坤	震
四綠	一白	七赤	坤	震	巽	中	乾	兌	艮	離	坎	坤	震	巽
五黄	二黑	八白	震	巽	中	乾	兌	艮	離	坎	坤	震	巽	中
六白	三碧	九紫	巽	中	乾	兌	艮	離	坎	坤	震	巽	中	乾
七赤	四綠	一白	中	乾	兌	艮	離	坎	坤	震	巽	中	乾	兌

通書云子午卯酉年為上元正月八白入中宮辰戌丑未年為中元正月五黃入中宮寅申巳亥年為下元正月二黑入中宮俱取九星順飛其入中之星每月遞退一位與年九星同。

假如選用民國十二年癸亥七月亥為孟年屬下元檢查此表下元七月即知二黑到坤三碧到震四綠到巽五黃到中六白到乾七赤到兌八白到艮九紫到離一白到坎紫白為吉五黃為凶黑碧綠赤無取其義與年家紫白同若乾艮離坎、四吉方雖有月建月厭月刑月害亦不拘忌再得八節之三奇及天道天德等吉神同宮而又選吉日吉時以輔佐之則妙不可言矣中宮值五黃為凶方慎勿輕犯其他黑碧綠赤等方無取如逢吉神同宮亦可用餘倣此

八節三奇　表先查某年干枝、後查某月節氣、凡乙丙丁三奇所到之山方、皆能制煞、

		立春 春分	立夏 夏至	立秋 秋分	立冬 冬至
甲子	乙奇	民 震	巽 離	坤 兌	乾 坎

年											
戊辰 庚辰 年	壬亥 癸亥	辛庚 子	戊丁 寅寅	壬辛 戌亥 年	辛庚 子	丁丙 丑	辛庚 寅	戊丁 戌 年	丙 戌	乙丁 丑	己酉
乙奇	丁奇	丙奇	乙奇	丁奇	丙奇	乙奇	丁奇	丙奇	乙奇	丁奇	丙奇
巽	兑	乾	中	艮	兑	乾	離	艮	兑	離	艮
艮	坤	坎	離	震	坤	坎	巽	震	坤	巽	震
離	震	坤	坎	巽	震	坤	中	巽	震	中	巽
巽	坎	坤	震	離	坎	坤	艮	離	坎	艮	離
乾	震	坤	中	坤	震	坤	坎	坤	震	坎	坤
坤	艮	巽	坎	兑	艮	巽	乾	兑	艮	乾	兑
坎	兑	離	離	乾	兑	離	中	乾	兑	中	乾
乾	離	艮	兑	坎	離	艮	坤	坎	離	坤	坎

年	奇	遁局（上→下）
辛卯年	丙奇	中 離 坎 震 中 離 兌
壬寅 癸丑	丁奇	乾 坎 坤 巽 乾 坤 坎
丙辰 乙巳	乙奇	巽 艮 離 震 乾 坤 坎
癸巳年	丁奇	巽 艮 離 震 乾 坤 坎
壬午 辛未	丙奇	中 離 坎 震 中 離 兌
庚午 辛巳	乙奇	震 兌 艮 中 兌 坤 中
甲寅（年）	丁奇	巽 艮 離 震 乾 坤 坎
己巳	乙奇	中 離 坎 震 中 離 兌
癸丑 壬寅	丙奇	坤 乾 兌 乾 艮 震 坤
乙卯 癸卯	乙奇	震 兌 艮 中 兌 坤 中
壬辰年	丁奇	巽 艮 離 震 乾 坤 坎
癸未 壬申 乙未	乙奇	坎 中 乾 兌 離 中 震

年	乙未年	丙午 丁巳	戊午 丁未	丙申年	乙酉 丙戌	己未年	甲戌	乙亥 丙戌	戊申 庚申	丁酉年
	丙奇	丁奇	乙奇	丙奇	乙奇	丁奇	丙奇	乙奇	丁奇	乙奇
	坤	坎	坤	離	離	坎	艮	離	坎	中
	乾	中	乾	巽	巽	中	震	巽	中	離
	兌	乾	艮	兌	中	乾	巽	中	乾	坎
	艮	離	坎	乾	艮	兌	離	艮	兌	震
	巽	中	巽	坎	坎	離	坤	坎	離	中
	震	巽	震	乾	乾	中	兌	乾	中	坎
	巽	中	震	巽	坤	震	坎	坤	震	兌

己卯年	甲申年			己丑年			甲午年		
丙奇	丁奇	丙奇	乙奇	丁奇	丙奇	乙奇	丁奇	丙奇	乙奇
中	坤	坎	乾	兌	乾	坤	震	坤	兌
離	乾	坎	坎	坤	坎	乾	兌	乾	坤
坎	兌	乾	坤	震	坤	兌	艮	兌	震
震	乾	兌	坤	坎	坤	乾	中	乾	坎
中	艮	離	巽	震	巽	艮	兌	艮	震
坎	巽	中	離	艮	離	巽	艮	巽	艮
離	震	巽	艮	兌	艮	震	震	震	兌
兌	巽	震	艮	離	艮	巽	中	巽	離

己亥年		甲辰年		
丙奇	丁奇	乙奇	丙奇	丁奇
兌	艮	震	震	巽
坤	震	兌	兌	艮
震	巽	艮	巽	離
離	離	中	中	巽
巽	坤	兌	兌	乾
艮	坎	震	震	坤
坎		坤	坤	坎
乾		中	中	乾

通書曰。天上三奇乙丙丁者。出於貴人之幹德遊行十二枝辰。陽貴順行。則乙德在丑丙德在寅丁德在卯三幹之德相聯而無間斷。則乙德在未丙德在午丁德在巳三幹之德。亦相聯而無間斷。以其隨貴人在天。故謂之天上三奇能制煞發祥。餘如戊巳庚辛壬癸隨貴人所涉。或間羅網。或間天空皆不相聯也。

宗鏡曰八節三奇從八節本宮起甲子。冬至起坎立春起艮春分起震立夏起巽。此為陽遁。俱從甲子順飛九宮夏至起離立秋起坤秋分起兌立冬起乾。此為陰遁俱從甲子逆飛九宮尋見本年太歲所泊之宮便於其宮起本年虎遁依八節

順逆飛尋三奇分布取用。如庚申年冬至節用事。從坎一宮起甲子順飛九宮。尋

見太歲庚申在壞三宮。乙庚年五虎遁得戊寅。使從震三宮起戊寅。亦順飛九宮。

乙酉在坎一丙戌在坤二丁亥在震三。即庚申年冬至節。乙奇在坎。丙奇在坤丁

奇在震也。修作到山到方。主進田產生貴子旺財帛。

假如癸亥年用事檢查此表。即知立春後春分前乙奇到中宮丙奇到乾山丁奇

到兌山春分後立夏前乙奇到離山丙奇到坎山丁奇到坤山立夏後夏至前乙

奇到坎山丙奇到坤山丁奇到震山夏至後立秋前乙奇到震山丙奇到坤山丁

奇到坎山立秋後秋分前乙奇到中宮丙奇到巽山丁奇到震山秋分後立冬前

乙奇到坎山丙奇到離山丁奇到艮山立冬後至前乙奇到離山丙奇到艮山

丁奇到兌山冬至後立春前乙奇到兌山丙奇到艮山丁奇到離山如在是年立

秋後秋分前修造葬埋則中宮得乙奇巽山得丙奇　辰巽巳三山　震山得丁奇　甲卯乙三山　皆

為吉山儘可選吉用事間有月建月厭月刑月害同宮亦可化凶為吉楊筠松云

三奇諸德能降煞吉制凶神發福多此之謂也

月幹吉神表 開山、立向、修方吉者。

方位	正	二	三	四	五	六	七	八	九	十	十一	十二
天道	南	西南	北	西	西北	東	北	東北	南	東	東南	西
天德	丁	坤	壬	辛	乾	甲	癸	艮	丙	乙	巽	庚
天德合	壬		丁	丙		己	戊		辛	庚		乙
月德	丙	甲	壬	庚	丙	甲	壬	庚	丙	甲	壬	庚
月德合	辛	己	丁	乙	辛	己	丁	乙	辛	己	丁	乙
月空	壬	庚	丙	甲	壬	庚	丙	甲	壬	庚	丙	甲

陽貴人表 開山、立向、修方吉者。

方位	正	二	三	四	五	六	七	八	九	十	十一	十二
甲年	坎	離	艮	兌	乾	中	坎	離	艮	兌	乾	中
乙年	坤	坎	離	艮	兌	乾	中	坎	離	艮	兌	乾

選吉探原 卷上

二三

陰貴人表修方吉者。
開山、立向

方位＼月	正	二	三	四	五	六	七	八	九	十	十一	十二
丙年	震	坤	坎	離	艮	兌	乾	中	坎	離	艮	兌
丁年	中	巽	震	坤	坎	離	艮	兌	乾	中	坎	離
戊年	兌	乾	中	巽	震	坤	坎	離	艮	兌	乾	中
庚年	乾	中	巽	震	坤	坎	離	艮	兌	乾	中	坎
己年	中	離	艮	兌	乾	中	坎	離	艮	兌	乾	中
辛年	乾	中	坎	離	艮	兌	乾	中	坎	離	艮	兌
壬年	乾	中	坎	離	艮	兌	乾	中	巽	震	坤	坎
癸年	艮	兌	乾	中	坎	離	艮	兌	乾	中	巽	震

方位＼月	正	二	三	四	五	六	七	八	九	十	十一	十二
甲年	兌	乾	中	巽	震	坤	坎	離	艮	兌	乾	中
乙年	乾	中	巽	震	坤	坎	離	艮	兌	乾	中	坎
丙年	中	巽	震	坤	坎	離	艮	兌	乾	中	坎	離

飛天祿表　開山、立向、修方吉者。

方位（月）	丁年	戊年庚年	巳年	辛年	壬年	癸年
正	震	艮	坤	離	坎	乾
二	坤	兌	坎	艮	離	中
三	坎	乾	離	兌	艮	坎
四	離	中	艮	乾	兌	離
五	艮	坎	兌	中	乾	艮
六	兌	離	乾	坎	中	兌
七	乾	艮	中	離	坎	乾
八	中	兌	坎	艮	離	中
九	巽	乾	離	兌	艮	巽
十	震	中	艮	乾	兌	震
十一	坤	巽	兌	中	乾	坤
十二	坎	震	乾	巽	中	坎

方位（月）	甲年	乙年	丙年戊年	丁年巳年
正	中	乾	艮	離
二	坎	中	兌	艮
三	離	坎	乾	兌
四	艮	離	中	乾
五	兌	艮	坎	中
六	乾	兌	離	坎
七	中	乾	艮	離
八	巽	中	兌	艮
九	震	巽	乾	兌
十	坤	震	中	乾
十一	坎	坤	巽	中
十二	離	坎	震	巽

飛天馬表　開山、立向、修方吉者。

方位（月）	正	二	三	四	五	六	七	八	九	十	十一	十二
申子辰年	中	坎	離	艮	兌	乾	中	巽	震	坤	坎	離
巳酉丑年	中	巽	震	坤	坎	離	艮	兌	乾	中	坎	離
寅午戌年	坤	坎	離	艮	兌	乾	中	坎	離	艮	兌	乾
亥卯未年	艮	兌	乾	中	坎	離	艮	兌	乾	中	巽	震

方位（月）	正	二	三	四	五	六	七	八	九	十	十一	十二
庚年	坤	坎	離	艮	兌	乾	中	巽	震	坤	坎	離
辛年	震	坤	坎	離	艮	兌	乾	中	巽	震	坤	坎
壬年	中	巽	震	坤	坎	離	艮	兌	乾	中	巽	震
癸年	乾	中	巽	震	坤	坎	離	艮	兌	乾	中	坎

二九

按乾坤寶典云。天道者、天之元陽順理之方也其地宜興舉眾務向之上吉又云。天德者天之福德也所理之方可以興土功營造室天寶曆云天德合者合德之神所理之方宜營構宮室修築城垣又云月德者月之德神也取土修宮宜向其方五行論云月德合者五行之精符會為合也所理之地眾惡皆消百福並集利以出師命將上冊受封祠祀星辰營建宮室天寶曆云月空者月中之陽辰也所理之日宜設籌謀陳計策玩其語氣所理之方必主清泰選擇宗鏡云祿馬貴人山方皆吉通書云月馬到山頭人富貴祿到山頭旺子孫若逢祿馬一同到千祥百福自駢臻此皆月幹上吉之神所臨之處修造葬埋均可如意。

月枝凶煞表修方凶者。

方位	正	二	三	四	五	六	七	八	九	十	十一	十二
月建土府 小時	寅	卯	辰	巳	午	未	申	酉	戌	亥	子	丑
月破大耗	申	酉	戌	亥	子	丑	寅	卯	辰	巳	午	未
月厭地火	戌	酉	申	未	午	巳	辰	卯	寅	丑	子	亥

月刑	巳	子	辰	申	午	丑	寅	酉	未	亥	卯	戌
月害	巳	辰	卯	寅	丑	子	亥	戌	酉	申	未	午
劫煞	亥	申	巳	寅	亥	申	巳	寅	亥	申	巳	寅
災煞天火	子	酉	午	卯	子	酉	午	卯	子	酉	午	卯
月煞月虛	丑	戌	未	辰	丑	戌	未	辰	丑	戌	未	辰

假如選用正月。檢查吉神表即知天道南行天德到丁天德合到壬月德到丙月德合到辛月空到壬如是甲年正月陽貴人到坎陰貴人到兌飛天祿到中宮如是子年飛天馬又到中宮是南方與丁壬丙辛坎兌中宮等方皆為最吉

再查正月凶煞表月建到寅月破到申月厭到戌月刑到巳月害亦到巳劫煞到亥災煞到子月煞到丑雖天道南行為吉方值月刑月害之巳則減力矣月破月厭月害劫煞到亥災煞月煞月破刑厭害劫災煞月煞值亥子丑月家三煞則無功矣

陽貴到坎亦為吉方值亥子丑月家三煞則無功矣除卻天道之南陽貴之坎其餘丁壬丙辛兌中宮等吉方皆不與

德合到辛月空到壬如是甲年正月陽貴人到坎陰貴人到兌飛天祿到中宮如是子年飛天馬又到中宮是南方與丁壬丙辛坎兌中宮等方皆為最吉

亥災煞到子月煞到丑雖天道南行為吉方值月刑月害之巳則減力矣月破月厭月害劫煞災煞月煞為中煞、吉可化之、故曰減力為大煞、吉不能制、故曰無功、

除卻天道之南陽貴之坎其餘丁壬丙辛兌中宮等吉方皆不與

月家凶煞同宮如再不犯值年最惡之煞而又與值年吉神及月三元之紫白、八

節之三奇同宮無論修造葬埋均可獲福寅申戌巳亥子丑七凶方雖同忌修造

動土葬埋土而以月破劫煞災煞月煞為最凶例無制法若月建月厭月刑月害等

方得紫白三奇德合祿馬諸吉神同宮或得吉日以化解之仍可用事。

按以上僅就月家吉凶神煞互相比較言之是丁壬丙辛兌中宮皆為吉方若再

以值年甲子衡之丁為大禍丙為伏兵則一年不能造葬遑論正月乎特誌數語

以告閱者幸毋忽也。

按月家劫災月三煞與年家劫災歲三煞同月破與歲破同此皆月枝大凶之煞。

所臨之方修造葬埋萬不可犯月建雖為凶煞然經有太歲可坐之明文太歲既

可坐月建亦未嘗不可坐惟必須坐之得法耳若月厭月刑月害並不大凶因協

紀辨方書月表詳載故本書亦備列之其實得吉神化解斷無妨害。

選日篇

選日大旨

修造。動土豎柱上梁、破土、啟攢、安葬雖得吉山吉向吉年吉月。若無吉日輔佐猶鳥之無翼舟

之無帆豈能翱翔霄漢容與中流卽祭祀祈福求嗣入學上官赴任結婚姻嫁娶移

徙安床開市立券交易裁種牧養等事雖不選年月若無吉日輔佐豈能上逆天麻

下臍景福曲禮云外事用剛日內事用柔日日之時義大矣哉本編謹遵協紀辨方

書從夏正順時令按立春後為正月寅日起建驚蟄後為二月卯日起建清明後為

三月辰日起建立夏後為四月巳日起建芒種後為五月午日起建小暑後為六月。

未日起建立秋後為七月申日起建白露後為八月酉日起建寒露後為九月戌日

起建立冬後為十月亥日起建大雪後為十一月子日起建小寒後為十二月丑日

起建歷建除滿平定執破危成收開閉十二枝咸備每枝分五幹六十甲子咸備凡

吉神多者應宜各事逐日註明凶煞多者應忌各事概不列入其有大凶之日只註

一概不取或諸事不宜綱舉目張瞭如指掌選吉者只須將萬年歷書或每年新時

憲書先行檢查看其交節之日值何幹枝過立春節為正月驚蟄節為二月之類。如

如正月初十日壬午立春則從正月午日值定查起看壬午註宜何事。

問月。亦以交節日時為主。

選吉探原

即知利於何事某月某日某幹枝值建某幹枝值除以次順排周而復始則某日宜某事某日不宜某事不假思索一望可知然有是日雖註宜修造動土豎柱上梁宜破土安葬啟攢宜結婚姻嫁娶宜入學上官赴任宜開市立券交易而竟不能用之必不祥者蓋別有說焉茲分類言之

選修造動土豎柱上梁破土安葬啟攢之日法

造須動土葬須破土此二事關係重大不容忽略必須將所用山向詳細考究如犯本山坐三煞日或衝山日雖月表註宜亦斷不能用如亥山壬山子山癸山丑山正五行皆屬水通天竅水之位煞在南方巳午未忌用寅午戌坐三煞日又忌用衝山日、于山午若不知此而誤犯之積善之家雖或不至為害然而凶煞險山日、未山丑日之類。危不可不慎也年月時亦然餘倣此

按通天竅云寅午戌日火之位。寅午戌年月時亦如是論。然在北方亥子丑凡亥、壬子、癸丑等山為犯三煞俱忌用亥卯未日木之位然在西方申酉戌凡申庚酉辛戌等山為犯三煞俱忌用申子辰日水之位然在南方巳午未凡巳丙午丁未等山為犯三

選吉探原 卷上

六一

五一

煞俱忌用巳酉丑日金之位煞在東方寅卯辰凡寅甲卯乙辰等山為犯三煞俱

忌刑其義與亥壬子癸丑五水山忌用寅午戌坐三煞相同然此猶言大概如欲

明吉凶悔吝之道生尅制化之理者仍須參觀本編利用篇。

如所選修造葬埋之日獨不註宜動土破土可擇前數日或旬日註宜動土破土者

用之如僅為蓋屋而不動土僅為曆樞而不破土者坐三煞年月日時概不拘忌若

衝山日總宜不用。

如所選之日雖不坐三煞不衝山而竟為宅主本命、修造葬者化命祭主本命之命破、

旬衝正衝天罡四旺煞寸土無光劫煞災煞歲煞者仍不宜用。宅長祭主、皆不忌寸土無光。惟化命忌之。

否則吉祥未至凶禍隨之可不慎哉故特列表於左俾可查避。

本命凶煞幹枝表、寸土無光、惟葬者化命忌之、祭主不論、餘事更不論、

	命破	劫煞	災煞	歲煞	天罡四煞 旬衝	正衝 寸土無光
甲子命	庚午	己巳	庚午	辛未	庚午	甲午 戊午
乙丑	癸未 戊寅	己卯 庚辰	辰	辛未	乙未	巳未

丙寅	丁卯	戊辰	己巳	庚午	辛未	壬申	癸酉	甲戌	乙亥	丙子	丁丑
丙申	己酉	壬戌	乙亥	戊子	辛丑	壬寅	乙卯	戊辰	辛巳	甲午	丁未
己亥	戊申	丁巳	丙寅	丁亥	丙申	乙巳	甲寅	乙亥	甲申	癸巳	壬寅
庚子	己酉	戊午	丁卯	戊子	丁酉	丙午	乙卯	丙子	乙酉	甲午	癸卯
辛丑	庚戌	己未	戊辰	己丑	戊戌	丁未	丙辰	丁丑	丙戌	乙未	甲辰
丑	戌	未	辰	丑	戌	未	辰	丑	戌	未	辰
壬申	癸酉	甲戌	乙亥	丙子	丁丑	戊寅	己卯	庚辰	辛巳	壬午	癸未
丙申	丁酉	戊戌	己亥	庚子	辛丑	壬寅	癸卯	甲辰	乙巳	丙午	丁未
甲申	乙酉	庚戌	辛亥	壬子	癸丑	丙寅	丁卯	壬辰	癸巳	庚午	辛未

命	破	劫煞	災煞	歲煞	天罡 四殺	旬衔	正衔	寸土 無光
戊寅命	庚申	癸亥	甲子	乙丑	甲申	戊申	庚申	丙申
己卯	癸酉	壬申	癸酉	甲戌	乙酉	己酉	辛酉	丁酉
庚辰	丙戌	辛巳	壬午	癸未	丙戌	庚戌	壬戌	戊戌
辛巳	己亥	庚寅	辛卯	壬辰	丁亥	辛亥	癸亥	己亥
壬午	壬子	己亥	庚子	辛丑	戊子	壬子	甲子	庚子
癸未	乙丑	戊申	己酉	庚戌	己丑	癸丑	乙丑	辛丑
甲申	戊寅	丁巳	戊午	己未	庚寅	甲寅	丙寅	壬寅
乙酉	辛卯	丙寅	丁卯	戊辰	辛卯	乙卯	丁卯	癸卯
丙戌	甲辰	乙亥	丙子	丁丑	壬辰	丙辰	戊辰	甲辰
丁亥	丁巳	甲申	乙酉	丙戌	癸巳	丁巳	己巳	乙巳
戊子	庚午	癸巳	戊午	己未	甲午	戊午	庚午	丙午

己丑	庚寅	辛卯	壬辰	癸巳	甲午	乙未	丙申	丁酉	戊戌	己亥	庚子
辛未	丙寅	丁卯	甲申	癸亥	丙子	己丑	庚戌	丁酉	丁酉	己巳	壬午
丙寅	丁亥	戊子	乙巳	甲寅	乙亥	乙未	乙巳	丙申	丁亥	壬申	辛巳
丁卯	戊子	己丑	癸卯	丙子	乙卯	乙酉	丙午	丁酉	戊子	癸酉	壬午
戊辰	乙丑	甲辰	甲辰	丁丑	丙戌	乙未	丁未	戊戌	乙丑	甲戌	癸未
乙未	丙戌	乙丑	辰	辛未	戊戌	乙未	戊戌	丁未	丙戌	戌	未
己未	乙丑	癸卯	壬寅	辛丑	甲子	庚子	己亥	丙申	壬戌	丙午	丙午
丁未	甲寅	戊辰	乙卯	戊子	乙卯	丙寅	丁亥	辛酉	丙戌	庚午	壬午

命	命破	劫煞	災煞	歲煞	天罡四殺	旬衝	正衝	寸土無光
辛丑命	乙未	庚寅	辛卯	壬辰	丁未	己未	辛未	癸未
壬寅	甲申	辛亥	壬子	癸丑	丙申	戊申	庚申	壬申
癸卯	乙酉	庚申	辛酉	壬戌	丁酉	己酉	辛酉	癸酉
甲辰	甲戌	己巳	庚午	辛未	丙戌	戊戌	庚戌	壬戌
乙巳	乙亥	戊寅	己卯	庚辰	丁亥	己亥	辛亥	癸亥
丙午	甲子	己亥	庚子	辛丑	丙子	戊子	庚子	壬子
丁未	乙丑	戊申	己酉	庚戌	丁丑	己丑	辛丑	癸丑
戊申	甲寅	丁巳	戊午	己未	丙寅	戊寅	庚寅	壬寅
己酉	乙卯	丙寅	丁卯	戊辰	丁卯	己卯	辛卯	癸卯
庚戌	甲辰	丁亥	戊子	己丑	丙辰	戊辰	庚辰	壬辰
辛亥	乙巳	丙申	丁酉	戊戌	丁巳	己巳	辛巳	癸巳

三六

	壬子	癸丑	甲寅	乙卯	丙辰	丁巳	戊午	己未	庚申	辛酉	壬戌
命破	丙午	己未	壬申	乙酉	戊戌	辛亥	甲子	丁丑	戊寅	辛卯	甲辰
劫煞	乙巳	甲寅	乙亥	甲申	癸巳	壬寅	癸亥	辛亥	辛巳	庚寅	辛亥
災煞	丙午	乙卯	丙子	乙酉	甲午	癸卯	甲子	壬子	壬午	辛卯	壬子
歲煞	丁未	丙辰	丁丑	丙戌	乙未	甲辰	乙丑	癸丑	癸未	壬辰	癸丑
天罡四殺	未	辰	丑	戌	未	辰	丑	丑	未	辰	丑
旬衝	戊午	己未	庚申	辛酉	壬戌	癸亥	甲子	乙丑	丙寅	丁卯	戊辰
正衝	壬午	癸未	甲申	乙酉	丙戌	丁亥	戊子	己丑	庚寅	辛卯	壬辰
寸土無光	甲午	乙未	戊申	己酉	戊戌	己亥	丙子	丁丑	壬寅	癸卯	丙辰

癸亥

| 丁巳 | 庚申 | 辛酉 | 壬戌 | 戌 | 巳巳 | 癸巳 | 丁巳 |

按命破即五虎遁枝衝著。如甲子命起丙寅順數至庚午日與命相衝是也。劫煞。

災煞歲煞即本命地枝絕胎養所臨者。如子命屬水水長生居申以次順排則絕

居巳胎居午養居未故子命以巳為劫煞午為災煞未為歲煞也。欲知三者所乘

之幹再用五虎遁法如甲子命起丙寅順數至巳為劫煞庚午為災煞辛未為

歲煞是也。天罡四旺煞即本命歲煞論枝不論幹如子命未丑命辰是也旬衝即

本命之幹尅枝衝者。如甲子命庚午日庚金尅甲木子午相衝是也正衝即本命

之幹比枝衝者。如甲子命甲午日甲與甲比子午相衝是也。寸土無光即本命納

音受尅地枝相衝者。如甲子命納音屬金戊午日納音屬火火能尅金子午相衝

是也詳觀上列之表則瞭然矣。

選結婚嫁娶之日法

結婚姻即納采行聘之類嫁娶即親迎入贅之類此皆與造葬之動土破土者不同。

凡值年值月惡煞。均可不論。若本命應忌之凶煞。如命破旬衝正衝、天罡四旺煞劫

煞災煞歲煞皆須逐一查避。若誤犯之多不安詳。每見有同月同日結婚姻嫁娶之

人。一則夫婦和諧嗣續日盛。一則夫婦怨讟嗣續不昌。此何故耶。蓋月日雖同主命

各別。有犯惡煞者。故其徵驗亦種種不同。本編不厭求詳。特載本命凶

煞幹枝表。使選吉者按圖索驥。某命犯某煞。亦卽古人選日必詳觀

本命之微意也。若值事人志在某月舉行婚嫁。卽檢查本編某月月表一月三十日

註宜結婚姻宜嫁娶者計有幾日。然後再將上列本命凶煞表詳細檢查。擇其與當

婚男女本命一切不犯者用之。惟不忌寸其他養屬之命。不必如此。只避枝衝則盡善

盡美矣。至嫁娶周堂（若不論協紀辨方書並未冊去。而欽天監時憲通書逐年具載。

世俗亦避忌惟謹。必須照例檢查。其值夫值婦者斷不可用。苦值翁值姑。囑其於新

人入門時迴避片刻。翁姑已逝者不忌。若喜神方實有至理。百事迎之大吉備錄以

供參考。

嫁娶周堂之圖

選吉探原　卷上

姑　堂　翁

夫　　　第

廚　婦　竈

凡選擇嫁娶日大月、從夫向姑順數、小月、

從婦向竈逆數擇第堂廚竈日用之、如遇

翁姑而無翁姑者不忌、否則暫避亦可。

按協紀辨方書篇云嫁娶周堂原無甚義理而載在時憲書民俗便安遵行已久應

將莊親王等奏請刪去之處無庸議、觀此可知嫁娶周堂並未刪去不宵惟是、即

考之清代逐年時憲書凡值夫值婦日雖有吉星照臨從無註宜嫁娶字樣者、其

避忌惟謹概可想見、其他周堂名目殊多實無義理置而不論可也。

　　喜神方之大吉
　　百事迎

甲巳日東北方　　乙庚日西北方　　丙辛日西南方

丁壬日正南方　　戊癸日東南方

考原曰物以相見為喜易傳曰相見乎離、離南方之卦也、於五行為火、於十幹為

丙遁見丙幹所到之方、如甲巳日適得丙寅、寅隸艮方、故艮為喜神餘倣此。

選入學上官赴任開市立券交易之日法

造葬因動土破土關係忌年月惡煞又忌本命惡煞嫁娶固忌本命惡煞又忌周堂值夫值婦等日入學
煞餘均忌
上官赴任開市立券交易雖不如此亦須檢查本編
某月某日註宜某事擇其註宜之日與值事人本命相生相合然後再檢查上列主
命惡煞表擇其一切不犯者用之則事半功倍左右逢源矣。

選祭祀祈福裁種牧養只論值事人本命求嗣移徙安床裁種牧養之日法

祭祀祈福求嗣移徙安床須論夫婦本命總之先查本
編某月某日註宜某事擇其與本命生合有情而不犯一切惡煞者即可用之惟祭祀不
忌本命三煞
餘均忌、

選時篇

選時大旨

通書云年吉不如月吉月吉不如日吉日吉不如時吉蓋年為根本月為枝葉日為
華茂時為結實故選時當與年月日並重稍一不慎則全璧生瑕何吉之有哉大要
須與宅長本命應用方向造葬者化命祭主本命應用山向理當婚男女本命要值

選吉探原 卷上 四二

事人本命，祭祀等事，生扶拱合，而又必須與所選之日干枝比和，或聯為一氣，或為日干

五合長生祿元貴人，或為日建及日枝三合驛馬乃為盡美，如所選之時為貴登天

門而又不犯刑衝尅害，則獲福之優可操左券矣，如所選之時幹尅日幹者為五不

遇，時枝衝日枝者為日破，皆主大凶，五不遇如與所選年月日三處相應亦可用日

破，則斷不能用衝坐山者，亦凶衝歲君月令者，大事切忌小事從權，不拘其餘時家

吉凶神煞，不必固執至貴人登天門時，四大吉時皆以中氣為主，列表於後宜細覽

之。

　　年上起月

甲、己年正月起丙寅。　　乙、庚年正月起戊寅。　　丙、辛年正月起庚寅。

丁、壬年正月起壬寅。　　戊、癸年正月起甲寅。

年上起月者，如甲年、己年選用正月，即為丙寅二月，即為丁卯三月，即為戊辰餘

做此。

　　日上起時

甲、己日起甲子時。　乙、庚日起丙子時。　丙、辛日起戊子時。

丁、壬日起庚子時。　戊、癸日起壬子時。

日上起時者如甲日、己日選用子時即為甲子。丑時即為乙丑寅時即為丙寅餘

做此。

幹合

甲己合土。　乙庚合金。　丙辛合水。　丁壬合木。　戊癸合火。

枝合見前（枝術）

三合

子丑合土。　寅亥合木。　卯戌合火。　辰酉合金。　巳申合水。　午未合。（午太陽未太陰）

申子辰合水。　巳酉丑合金。　寅午戌合火。　亥卯未合木。

幹合者甲日己時乙日庚時之類枝合者子日丑時寅日亥時之類。三合者申

子時辰時子日辰時甲時辰日申時子時之類。

日建

子日子時丑日丑時寅日寅時之類。

驛馬

申子辰日在寅。 巳酉丑日在亥。 寅午戌日在申。 亥卯未日在巳。

驛馬者申日子日辰日俱寅時巳日酉日丑日俱亥時之類惟寅申巳亥日之驛

馬皆值日破有凶無吉萬不可用。

長生祿元貴人表

時枝＼日幹	甲	乙	丙	丁	戊	己	庚	辛	壬	癸
長生	亥	午	寅	酉	寅	酉	巳	子	申	卯
祿元	寅	卯	巳	午	巳	午	申	酉	亥	子
貴人	未丑	申子	酉亥	酉亥	未丑	申子	未丑	午寅	卯巳	卯巳

長生者甲日亥時。乙日午時之類。祿元者甲日寅時。乙日卯時之類。貴人者甲日

未時丑時。乙日申時子時之類。

貴登天門時表

貴登天門時。乃時之最善者。能解諸凶。如雨水後甲日陽貴卯時。陰貴酉時。春分後乙日無陽貴。只有陰貴酉時之類。

中氣	甲·陽貴	甲·陰貴	乙·陽貴	乙·陰貴	丙·陽貴	丙·陰貴	丁·陽貴	丁·陰貴	戊·陽貴	戊·陰貴	己·陽貴	己·陰貴	庚·陽貴	庚·陰貴	辛·陽貴	辛·陰貴	壬·陽貴	壬·陰貴	癸·陽貴	癸·陰貴
雨水	卯	酉		戌		亥		丑				寅			申		未		巳	
春分				酉		戌		子	申	寅		丑	申	寅	未		午		辰	
穀雨						酉		亥	未	丑	申	子	未	丑	午	寅	巳		卯	
小滿							申	戌	午	子	未	亥	午	子	巳	丑	辰	寅		
夏至							未	酉	巳	亥	午	戌	巳	亥	辰	子	卯	丑		
大暑					申		午		辰	戌	巳	酉	辰	戌	卯	亥		子		寅
處暑			申		未		巳		卯	酉	辰		卯	酉		戌		亥		丑
秋分	申	寅	未		午		辰				卯					酉		戌		子
霜降	未	丑	午	寅	巳		卯											酉		亥
小雪	午	子	巳	丑	辰	寅													申	戌
冬至	巳	亥	辰	子	卯	丑													未	酉
大寒	辰	戌	卯	亥		子		寅									申		午	

四大吉時表　四大吉時、亦時之最善者、能解諸凶。

雨水後	甲丙庚壬時即卯午酉子時初刻。
春分後	艮巽坤乾時即寅巳申亥時初刻。
穀雨後	癸乙丁辛時即丑辰未戌時初刻。
小滿後	甲丙庚壬時即卯午酉子時初刻。
夏至後	癸乙丁辛時即丑辰未戌時初刻。
大暑後	艮巽坤乾時即寅巳申亥時初刻。
處暑後	甲丙庚壬時即卯午酉子時初刻。
秋分後	艮巽坤乾時即寅巳申亥時初刻。
霜降後	癸乙丁辛時即丑辰未戌時初刻。
小雪後	甲丙庚壬時即卯午酉子時初刻。

艮、巽、坤、乾時即寅、巳、申、亥時初刻。

癸、乙、丁、辛時即丑辰未戌時初刻。

冬至後

大寒後

按貴登天門時。四大吉時每月不同皆以中氣為主中氣者何正月雨水二月春分三月穀雨是也。如在雨水前選吉作大寒後論貴登天門時即甲日辰戌時乙日卯亥時四大吉時即癸乙丁辛時如在雨水後選吉貴登天門時甲日始為卯酉時乙日始為戌時四大吉時始為甲丙庚壬時約言之中氣前以上月論中氣後以本月論庶無差誤

三刑

子刑卯。卯刑子。寅刑巳。巳刑申。申刑寅。丑刑戌。戌刑未。未刑丑。

辰刑辰。午刑午。酉刑酉。亥刑亥。

六害

子未害。丑午害。寅巳害。卯辰害。申亥害。酉戌害。

三刑者如子日卯時卯日子時之類。六害者。子日未時未日子時之類。然此不過

小疵。得年月合之。卽可化解。如與本命相合。尤不拘忌。若時與日衝。雖合無益也。

金生水　水生木　木生火　火生土　土生金。

　五行相生尅見前

　　五行相生

五行陰陽生尅定名

甲、丙、戊、庚、壬爲陽幹。　　　乙、丁、己、辛、癸爲陰幹。

子、寅、辰、午、申、戌爲陽枝。　丑、卯、巳、未、酉、亥爲陰枝。

我比者爲比肩比劫。　　　　　　我尅者爲正財偏財。

尅我者爲正官七殺。　　　　　　生我者爲正印偏印。

我生者爲傷官食神。

陽見陰陰見陽爲比劫、正財、正官、正印、傷官。

陽見陽陰見陰爲比肩偏財七殺偏印食神。

　五行相生者如甲日屬木選用癸酉時是時幹癸水生日幹甲木卽爲生我日正

印時枝酉金尅日幹甲木卽為尅我日正官戊日屬土選用壬子時是日幹戊土

尅時幹壬水又尅時枝子水卽為我尅日偏財正財餘倣此詳見命理探原

按選吉之道宜旺相得令忌休囚無氣而日幹尤重日之吉凶全看衰旺日之衰

旺全看月令當令者旺受生者相皆大吉尅月令者囚受尅於月令者死皆凶日

生月令者休亦不為吉至於生我尅三者如是吉神固為大吉卽是凶煞

亦不為禍若尅我我生二者雖是吉神亦不助福如為凶煞其害可知此言大綱

若夫輕重取舍又當統觀年月日時八字以衡之非吉凶宜忌之所能盡神而明

之存乎其人耳。

又按修造以坐山為我宅長本命亦為我葬埋以坐山為我化命及祭主本命亦

為我嫁娶以乾坤二造為我餘均以值事人本命為我知我之五行何屬則知生

我比我我尅三者何從尅我我生二者何去此又一說也選吉者宜細玩之

利用篇

　論造葬不同

造葬二者乃選擇大端不可不慎之如何曰合造命之體用而已然豎造與葬地。

亦略不同葬以補龍為主而山向亡命次之造以山向主命為重而補龍次之蓋葬

乘生氣生氣旺而體自煖雖山向與亡命不甚全利亦無妨也若修造則斧斤震動。

且曠日持久倘山向不空主命受剋未可妄謂與舉況八宅禍福皆論坐山乎

按造葬不同固當鑒別而造與葬亦有難易之殊焉蓋造之為期長葬之為期短

也果能明乎八宅禍福皆論坐山之理則造亦不難況葬之易者耶坐山者何即

主屋也若坐山不明雖欲避凶亦苦無從著手更何能趨吉耶修方篇云要在相

其形勢取其尊者為主以臨四方斯言誠為論定坐山之要訣不獨辨修方者所

當知也凡造屋不論為一進二進以至九進十進等皆以形勢較高者為主屋如

主屋為坐北朝南之壬山丙向則壬山即坐山也辨年月日時吉凶宜忌只以壬

山為主至於大門二門後門或為坐西朝東之庚甲或為坐東朝西之甲庚或為

坐南朝北之丙壬一概置之不論否則顧後矚前左支右絀安有造屋之期耶

論補龍造葬同

邱平甫曰先觀風水定其蹤。次看年月要相同吉凶合理參元妙好向山家覓旺龍。

先言先擇吉地、次擇吉年月日時以補龍、乃千古不易之論。

凡遷龍不論只以到穴之小脈為主以正五行論生剋四柱生扶之則吉剋洩之則凶。

凡山谷陰地聳起開窩者近穴止有圓毬並無小脈圓毬若闊。非脈也宜於山後峰腰處審而補之。

按先審其為何龍而後擇吉補之精密極矣。

凡省城府縣。非午向則丙丁向。其午向者必壬子癸龍也。其丙丁向者必亥艮龍也。正脈已結衙署矣民居或東或西皆脈上枝分橫來者不知屬何五行只以補坐山為主舍此則皆補脈而陰地尤緊蓋葬乘一綫之生氣也。

凡龍氣之衰旺全看月令。故補龍者必於長生月臨官月帝旺月或墓庫月俱吉蓋丑中有辛金未中有乙木辰中有癸水戌中有丁火四墓月仍旺而非衰也。

凡補龍全在四柱地枝蓋天斡氣輕地枝力重也有以地枝一氣補者如卯龍用四

卯之類。或取四生或取四旺皆極妙。惟不用四墓。但地枝一氣。必十餘年始一遇。又

或月家日家山向不空主命未利。其可強為乎。不若三合局之活動易取也。如生旺

墓三月內凶神占方則臨官月亦可。名三合兼臨官局。否則三合字不必全二字亦

可。

古人造葬八字多以地枝補龍。天幹補主命。或與命幹比肩一氣。或合官或合財。或

合祿馬貴人。又或天幹合命。祿馬貴人到山或到向。而地枝又補龍脈。則上上吉課

也。

凡三合補龍。有取比肩以助之者曰旺局。有取印綬以生之者曰相局。如龍雄帶煞

者宜用財局。不補亦不洩也。至洩氣局則凶。尅然局則更凶矣。

唐一行禪師宋託長老皆以四柱納音補龍。昔託長老為豐城黃氏葬墓戌龍得甲

戌火龍入穴。作辛山乙向。用庚寅年木音壬午月木音戊午日火奇己未時火奇下葬。是

以木音生之火音助之也。故其言曰造葬八字取用全在納音。然以三合參之亦相

合焉。戌龍屬土。又與寅午同三合火局。今託長老用寅午火局。以生戌土。則非徒木

火納音能助甲戌火龍也。故補龍者必以三合局或一氣局為主而參以納音託不
補辛山而專補戌龍可知古人重龍不重山也。按沈氏老雖論納音。並不忌墓龍變之尅。
知。又考崇正闢謬。所載古課。犯納音尅墓龍變運者。又有十六課之多。可見先賢並不拘此也。又有一法謂之占奪一方秀氣者亦甚吉。
運者。觀於辛山乙向在庚午。而用戊午火音日可
如木龍則用寅卯辰三字全火龍則用巳午未三字全金龍則用申酉戌三字全水
龍則用亥子丑三字全再於所用三字內多取一字湊成四柱不可參一別字若參
一別字則亂格矣。

二十四龍吉凶表　扶山同用

龍	四長生 四帝旺 三合旺局			三合相局	三合財局	占奪一局 方秀氣一局	洩氣局	尅煞局
亥壬子癸龍	申	子	辰	巳酉丑	寅午戌	亥子丑		亥卯未
巳丙午丁龍	寅	午	戌	亥卯未	申子辰	巳午未		寅午戌 巳酉丑
寅甲卯乙巽龍	亥	卯	未	申子辰		寅卯辰	寅午戌	亥卯未
申庚酉辛乾龍	巳	酉	丑		亥	卯 未申	酉戌 申子辰	寅午戌
艮坤丑未龍	申			寅午戌 申子辰		辰戌 丑未	寅午戌 申子辰	巳酉丑 亥卯未

沈亮功曰葬重補龍造重扶山乃不易之理。四生、四旺雖不易得而旺局、相局占奪秀氣局皆活動易取有吉無凶如山向既空主命又利不妨隨取一局惟子酉龍忌財局亥巳寅龍忌相局恐其衝龍也餘如洩氣局則凶尅煞局則更凶皆當禁用。

按右表即本諸選擇宗鏡補龍古課推演而成二十四龍山取局之法綱舉目張。

一望可知其中空格有六者因辰戌丑未局自相衝擊無論為旺為洩為財為洩為煞為一方秀氣皆不可用故棄而不錄致於亥壬子癸丑五龍山究不可用亥卯未年月日時申庚酉辛戌五龍山究不可用亥卯未年月日時蓋名為三合財局實則坐山用金局未山用水局亦為坐三煞也辰山用金局未山用水局亦為坐三煞不可不辨若夫十二枝龍最忌逢衝經有明文又不僅子酉亥巳寅五龍山己也觀於本篇云凡用三合字不必全二字亦可其義可知矣

又按六圓選擇云艮寅甲卯乙辰坤申庚酉辛戌十二山屬陽宜用申、子、辰、寅、午、戌陽年月日時乾亥壬子癸丑巽巳丙午丁未十二山屬陰宜用巳、酉、丑、亥、卯、未、

陰年月日時、此以東西為陽、南北為陰。古仙選擇多從此、不知其故。然以余友楊君石葭所云、鵲巢門戶、陽年坐東西不向南北、陰年坐南北不向東西、推之益信古仙之說確鑿無疑也。

論扶山

葬以補龍為重、而扶山次之。造以扶山為重、而補龍次之。如龍與山同氣、則補龍即以扶山屬水、是補龍扶山無二道也、則山亦倘龍與山不同氣、則葬取補龍、造取扶山可也。如亥龍屬水、立壬山丙向、

五行生旺各有其時。惟土分三等、有陰有陽、有半陰半陽。艮土屬陽、坤土屬陰、辰戌丑未屬半陰半陽。艮旺立春之先、坤旺立秋之後、四墓於四季之月各旺一十八日。

木山春旺、自冬至至立春為進氣、謂之向令。立春至春分為正氣、謂之得令。春分至穀雨清明為旺氣、謂之化令。（協紀）

火山夏旺、自立春至春分（驚蟄）為進氣、謂之向令。春分上（同）至立夏為正氣、謂之得令。（協紀）（至）

立夏小滿至夏至為旺氣、謂之化令。（協紀）

金山秋旺自立夏、協紀 芒種至夏至為進氣謂之向令夏至、至立秋為正氣謂之得令立

秋處暑至霜降秋分為旺氣謂之化令。 協紀

水山冬旺自立秋至秋分 白露協紀 為進氣謂之向令。秋分、至立冬 協紀

令立冬至小寒冬至為旺氣謂之化令 霜降 為正氣謂之得

用日之法向令者益以胎息得令者培以根元化令者補以財祿損益得中斯為貞

吉。

論立向

向不必補只要有吉神而無凶煞何為凶煞太歲也月建也都天也向煞也年月三

煞也此造葬同忌者也內惟太歲月建都天尤凶蓋太歲月建皆可坐不可向而都

天在向猛於在山也三煞可化亦宜斟酌然葬可而造險蓋葬暫而造久也向煞較

輕得六德可解矣 都天在向。猛於在山。此 二語、讀者慎毋忽略。

按開山立向者作主原無住屋欲以平地建築新屋是也如原有住屋而與此次

新築之地址或隔溪澗或隔大街或在百步之外亦名開山立向如原有住屋因

此次新築、而作主遷居別宅、再行拆卸改造此亦與開山立向相同、只須看開山立向神煞有無吉凶、其年月家之修方神煞俱不必論、如主屋為壬山丙向兼亥巳、第一須不用寅午戌巳坐三煞及衝山年月日時、第二須年月家五黃不在坎位、第三須年家戊己都天然不臨亥山、第四須宅長本命不衝值年太歲然後擇年月家紫白及八節三奇德祿貴馬諸吉神到山到向則動土興工盡美盡善矣。

論相主

相主者何、以八字輔相主人之命也、修造以宅長為主葬埋以亡命為主祭主只忌衝歷餘可勿拘古人皆論生年不論生日而尤以生年之天幹為要或合官或合財者貴合財者富合財則有情不合則無情也或用比肩或用印綬或用四長生或用祿馬貴人不衝命尅命而又補龍扶山則上上吉課也。

凡三合之力勝於六合但主命喜與八字六合而三合次之、惟用三合降煞者得主命與八字其成三合為妙、故山向又喜與八字三合而六合輊矣。

凡主命真歲破日造葬大凶真三煞日次之、如甲子命遇見庚午為歲破巳巳庚午

辛未為三煞之類是也又有天罡四煞日亦凶天罡四煞者主命歲煞之枝辰也。見詳

本命凶煞
幹枝表

凡太歲衡命最凶月次之日又次之時為輕惟辰戌丑未人以土衡土不甚拘忌然
歲衡亦凶又有旬衡地衡　正衡地衡　即天比　造葬修方均主傷人其有枝衡而音尅者名
　　　　　　即天尅
寸土無光埋葬大凶惟化命忌之祭主不論。

論修山修向修方、修中宮。迥乎不同、
開山立向、與修山修向、及

動土為開山定礦為立向如隔溪澗或隔大街或在百步之外皆名開山立向或出
火進宅倒堂豎造亦名開山立向所謂興造也專論開山立向神煞其年月家之修
方神煞俱不必論如作主原有住屋欲於屋後修造謂之修山不名開山則論開山
兼修方神煞其山上除太歲月建年月三煞外餘不必論也或欲於屋前修造謂之
修向不名立向則論立向兼修方神煞其山上除歲破月破年月三煞外餘不必論
也或欲於屋傍修造謂之修方道神煞其山向上年月家神煞概弗論也若
所修之處四圍俱有屋者謂之修中宮當以開山立向兼中宮神煞論之

修山修向亦有分別。凡在後不作正寢。作大門而止作書室、下房、廚竈倉庫，
者則單論修方其年月家開山立向神煞不必論也。若在後欲作正寢在前欲作大
門、則是其宅以所修之屋為主房。仍當以開山立向兼修方神煞論。

凡修山者其山上不可犯歲破月破伏兵大禍年月三煞。此即開山大凶煞也。

按修山者作主原有住屋欲於屋後修造新屋是也。此與平地之開山立向不同。
故不名開山而曰修山也。必須先看開山神煞有無吉凶然後再看修方神煞有
無吉凶其向上除太歲月建年月三煞外餘均不論。如主屋為丙山壬向兼巳亥，
今年中元丙寅六白在離丙山兩方皆值吉神似可修山修方矣。然正向之壬占
伏兵兼向之亥占劫煞又占己都天煞仍不可用。書云都天在向猛於在山豈可
輕犯之哉餘類推。

凡修向者其向上不可犯太歲月建向煞都天年月三煞。此即立向大凶煞也。

按修向者作主原有住屋欲於屋前修造新屋是也。此固與平地新築之開山立
向不同而亦與屋後修造新屋之修山不同。故不名修山而曰修向也，

必須先看立向神煞有無吉凶其山上除歲破月破年月三煞外餘均不論如主

屋為辛山乙向兼酉卯今年中元丙寅九紫在震是正向之乙兼向之卯皆值吉

神而正山之辛兼山之酉並不犯歲破三煞此向之可修者也若宅長再興本年

太歲不犯衝擊儘可選擇吉期動土興工耳

論修方

城鎮寸金之地所作方隅凡隔三五尺街道非自己地者作之不妨如小修葺但要

吉日並不問吉凶方道若鄉村之地或隔大溪四時常流亦不問吉凶方道或隔小

水常流不絕止不拘小煞如近屋起樓臺廳館不隔溪澗者雖是修方必方道有吉

無凶乃可

凡定方隅須於中宮下一羅經而後方隅乃定而定中宮之法要在相其形勢取其

尊者為主以臨四方如大門以應事為中廳後以正寢為中傍屋以大樓為中墳瑩

以祖穴為中移步換形惟變所適中宮定而後方隅乃定其有無吉凶神煞從可知

矣。大門以應事為中。墳瑩以祖穴為中。

此二條為論定修方之要訣。徐顥推。

方之可修者有三種。一曰空利方本年無甚大凶煞占方亦無甚吉神到方但擇吉
月吉日以修之亦自平穩二曰修吉神方或太歲方而帶吉不帶凶者必要三元紫白同到或三
德方如甲年六月則歲德天德月德會於甲方也此皆年月之吉方也又或本命之
祿馬貴人方也本命之食祿方也此皆本命之吉方也既合年月之吉方又合主命
之吉方則擇吉日修之自無不吉擇吉日之法如何曰吉方宜扶不宜尅扶則福人
尅則無福年家與此方或一氣局或三合局又必此方旺相之月則諸吉當權修之
自然發福矣三日凶煞方除戊巳叠太歲歲破及太歲之帶凶者不修外其餘皆可
制而修也制之之法不外幹犯幹制枝犯枝制三合犯三合制納音犯納音制四者
而巳然必須俟其休囚之月乃可事半功倍千金日吉星有氣小成大惡曜休囚不
降災此之謂也。

凡新造宅舍尚未歸火入宅欲於屋內起造倉庫欄枋並不問吉凶方道。

凡方道遭火擇七日內起工半月內豎造並不問吉凶方道。

通書曰太歲以下神煞甚多難以盡避其各神所臨之地惟奏書博士宜向之餘各

有所忌。須辨生旺休囚制化得宜。如有破壞須修營者。以歲德天德月德歲德合天

德合月德。合天恩天赦母倉所會之辰。或各神出遊日併工修之無妨。

按天恩天赦母倉如會凶煞仍不可用須擇月表内註宜動土者用之乃妥。

凡取土忌太歲歲破三煞等方若遠隔百步之外目所不見並不問吉凶方道。

凡新立宅舍或盡行拆除舊屋豎造主人眷既已出火避宅其起工架馬若就坐

上架馬若修主不出火避宅或坐宮或移宮但就所修之方擇吉方起工架馬若修

作在百步之外其起工架馬並不問吉凶方道。

按修方者作主原有住屋欲於屋傍修造新屋是也此與平地新築屋後修造屋

前修造皆不相同。故不名開山立向不名修山不名修向而曰修方也只須看年

月家方道神煞有無吉凶。其山向上年月家神煞俱不必論。如今年中元丙寅年

家五黃在艮若在主屋之東北丑艮寅三方修造則大凶矣歲破在申劫煞在亥

伏兵在壬災煞在子大禍在癸若在主屋之申亥壬子癸等方修造則又大凶矣。

除此八大凶方外餘方均可選吉修造惟必須宅長本命與太歲丙寅不犯衝擊

論修中宮

四圍有屋則中間之屋皆名中宮。太歲月建、都天在向。歲破月破都天年月三煞在

山。或在向則中宮終年不利不可修也。

凡年月家五黄占中宮則中宮亦不可修蓋中宮屬土而五黄又助起土煞也。

凡年月家紫白占中宮修之最穩。

凡修中宮忌戊己日若辰戌丑未月尤忌戊己日若非修中宮又非土王用事之候。

而戊己日有註宜修造動土者亦不在此列。

按凡修造動土在辰戌丑未四季之月而又值土王用事之候者最忌用戊己日。

不獨修中宮也西王母經云戊不朝真不誦經燕不啣泥蛇不行犯之災殃留四

季王母當年示漢君此言四季之戊尤凶與選吉書若合符節至言戊而不害己

者蓋戊為陽土己為陰土陽可統陰言戊而己亦在其中矣再證以抱朴子燕知

戊己一語益信斯言不謬考之協紀辨方書四季之月間有戊己日值吉神宜動

土不忌破土宜動土而忌破土者計有十日如三月戊寅值天赦宜動土不忌破

土戊子值三合宜動土六月戊寅值母倉已卯已亥已酉值德合均宜動

土不忌破土九月戊申值天赦宜動土戊午值三合宜動土十

二月已已酉值三合均宜動土忌破土戊已日無論動土破土皆不可用

如是觀之四季之月逢戊已而能動土忌破土者僅有十日且此十日中忌破土者又佔

其四若再除土王用事之候吾恐併此十日而亦難選矣用者可不慎乎

同里董君星垣、道
高學博、知余纂述斯編、特以
西王妙照見示、其可感也、

按修中宮者作主四圍俱有住屋欲於四圍之中宮修造新屋是也此與平地新

築屋後修造屋前修造屋傍修造均大異非惟不名開山立向而亦不名修山修

向修方名曰修中宮也必須先看開山立向神煞有無吉凶然後再看中宮神煞

有無吉凶以定從違如主屋為卯山酉向兼乙辛今年中元丙寅卯乙山占九紫

此開山大吉也酉庚向占四綠不犯歲破三煞伏兵大禍此立向不凶也中宮占

二黑不犯五黃此中宮亦不凶也若再擇月家紫白到中宮而山向又不犯月破

六四

月煞。則修造中宮。可以安全矣。如值年太歲。衝宅長本命。仍不可用。書云太歲衝

命最凶。此之謂也。

論附葬

凡新擇吉地安葬父母者。止忌年月家開山立向凶然若附葬祖塋。又以祖穴為中

宮。兼忌年月家方道凶然。附葬祖塋、以祖穴為中宮。當作修方論。與新擇吉地安葬者不同。務宜辨別。

按凡新擇吉地安葬者。即以所用之山向為主假如乾山巽向兼亥巳忌用寅午

戌巳四枝之年月日時。可矣至於附葬祖塋之側。又當兼論修方以祖穴為中宮。

並忌年月家方道凶然如祖穴乾巽兼亥巳若在昭穴附葬即屬震方既不可用

寅午戌巳四枝之年月日時而又當忌用巳酉丑之年月日時蓋巳酉丑局三煞

在震方寅卯辰也。若在穆穴附葬即屬兌方寅午戌巳四枝之年月日時固所當

忌而亥卯未之年月日時尤不可用蓋亥卯未局三煞在兌方申酉戌也昧者不

察每多債事茲特詳言之。

論制煞

迪吉探原　卷上

選擇宗鏡曰三煞乃極猛之煞伏兵大禍次之要制伏得倒占山造葬皆忌惟占方、

可制而修也制法有三一要三合局以勝之二要三合得令之月三煞休四之月三

要本命貴人祿馬及八節三奇或日月以照臨之小修則或月或日之納音尅三煞

方之納音得一吉星到方可也三煞在南方巳午未則屬火用申子辰月日時在東

方寅卯辰則屬木用巳酉丑月日時在西方申酉戌則屬金用寅午戌月日時在北

方亥子丑則屬水三合無土局添能制忌用辰戌丑未相衝曾文迪為壬申宅主修

午未三煞方取甲辰年戊辰月壬子日庚子時豎柱與壬申年生命戌申子辰水局

以尅火煞一吉也甲戌庚辰三奇到山又辰子兩枝不雜二吉也穀雨前太陽在戌與

午方三合而甲戌庚貴人在未三吉也甲年午未方為庚午辛未納音屬土而戌辰

月壬子日納音皆屬木以木尅土四吉也命馬壬寅歲祿馬丙寅俱到離五吉也

此一節無
足重輕　　八白在坎照離九紫正在未坤六吉也古人之妙用如此

協紀辨方書曰三煞為太歲三合之衝可向不可坐故占山則造葬皆忌占方則可

制而修也然各年不可概論寅申巳亥年煞在生我之方又當休氣辰戌丑未年煞

六六

九六

在我生之方又當相氣制化之法雖輕重亦有不同而要可制之化之變凶而為吉

也若子午卯酉年則三煞與歲破同方對方太歲又與大煞同位雖有制伏亦難以

吉論矣故子午卯酉年災煞最凶劫煞次之辰戌丑未年略與子午卯酉等若

寅申年之劫煞卯酉年之歲煞與太歲為六合其凶尤小如壬寅年用壬寅月日時

修亥方則四祿聚亥乙酉年用庚辰月日時修辰方則一氣皆全並不以歲煞論矣

又寅午戌亥卯未年為煞尅歲巳酉丑申子辰年為歲尅煞煞尅歲歲者俟其休囚之

令用之歲尅煞者則惟忌子午卯酉四旺月餘月皆可用六取吉神到方八字成格

而已又化煞變尅為生與制煞之義有別煞尅歲君者用煞之子如金煞尅木歲用

水局月日時則洩金以生木矣歲尅煞者用煞之財如水煞尅火煞用金局月日時

則洩火以生水矣用子煞休用財煞凶具有妙義惟木煞無土局則不用化而用制

可也水煞無土局則不用制而用化可也曾文辿取用甚精夫亦舉一隅耳引而伸

之觸類而長之選擇之能事畢矣三煞倣此

按以上二篇說理精密用法詳明不獨為制化凶煞之準繩且可為選吉造命之

模範。至於三煞占山造葬皆忌占方、可制而修二語吉凶懸殊尤爲扼要。蓋山爲坐山方爲別位經曰三煞可向不可坐卽此義也。果其占山無論造葬萬不可犯。若占向占方可邁制化之法擇吉修之。昧者不察漫謂三煞可制而修不辨占山與否毫釐千里有不償事者乎。

論權修法

凡方道不利而又不得不作者則宜避宅別居俟工竣後入新宅可也。如年月利作震不利作兌則避居於西使所修之方昔視之爲兌者今視之爲震矣。此活變之法也。

凡修作自始至終止在一宮選擇尚易若連跨數宮有吉有凶則當於吉方起工自此連及不利之方可也。或與作月日己利而工料未辦則略起工以應月日自此連接作之亦無不可。

凡修作宅舍擇大寒五日後與工立春前豎造謂之歲君交承不忌方道凶煞。如己過立春年月凶神方位己定不可修作。如方位無凶神修作不妨凡方道不利而宅

舍破壞。不得不修者。取歲德、天德、月德、歲德合、天德合、月德合、天恩、天赦、母倉、所會之辰。或各神出遊日併工修之無妨。

論權葬法

凡擇大寒五日後破土。再擇立春前安葬不忌年月家開山、立向凶煞。仍要立春前謝墓或次年寒食清明節加土謝墓。

凡人初死如旬日內速葬雖值年月家開山、立向凶煞。亦不為害但擇吉日破土盡一日之內成墳俟凶神過方加土謝墓。

凡已葬墓塋或加土或種樹或砌祭臺或破壞修整宜於寒食間鳩工修作不忌年月日時一切凶煞也。

太歲以下神煞出遊日

中

東

西

北

協紀辨方書曰太歲者地祇也。地祇從枝故以五子為斷。甲為東方木。故甲子至

戊辰東遊。丙為南方火。故丙子至庚辰南遊。戊為中央土。故戊子至壬辰遊中宮。

庚為西方金。故庚子至甲辰西遊。壬為北方水。故壬子至丙辰北遊。如甲子東遊。

則西南北及中宮可併工修造也。東則本屬空方。猶當有所忌。若本不空則無論

矣。其曰太歲以下神煞者。諸神煞皆從太歲而有。太歲既不居本位。則諸神煞皆

無矣。若謂出遊之日四方皆空。則但當舉此二十五日為悉無禁忌可也。何必分

東西南北乎。其以五日為斷者。天數五。地數五。五者數之終也。

正鍼中鍼縫鍼三盤圖

協紀辨方書曰是圖內層所列為正鍼係廿四山之正位立向用之選擇家避鬼

選吉探原 卷上

七一

迎神。即此層也。中層所列為中鍼。比正鍼先半位。地理家格龍用之。蓋龍為來脈。故用先至者承之。外層所列為縫鍼。比正鍼後半位。與中鍼正差一位。地理家消砂納水用之。蓋砂水為去路。故用後至者收之。

分金圖

子		壬	
庚子	丙子	辛亥	丁亥
	寅		艮
庚寅	丙寅	辛丑	丁丑
	辰		乙
庚辰	丙辰	辛卯	丁卯
	午		丙
庚午	丙午	辛巳	丁巳
	申		坤
庚申	丙申	辛未	丁未
	戌		辛
庚戌	丙戌	辛酉	丁酉

丑				癸	
辛	丁			庚	丙
辛丑	丁丑			庚子	丙子
		卯	甲		
辛卯	丁卯			庚寅	丙寅
		巳	巽		
辛巳	丁巳			庚辰	丙辰
		未	丁		
辛未	丁未			庚午	丙午
		酉	庚		
辛酉	丁酉			庚申	丙申
		亥	乾		
辛亥	丁亥			庚戌	丙戌

地理大全曰分金之法以二十四山分十二宮每一宮共十分金如子癸同宮以

甲子丙子戊子庚子壬子一布於子。再布於癸丑艮同宮以乙丑丁丑己丑辛丑、癸丑一布於丑再布於艮是也。然專用丙丁庚辛者何禪天之法甲壬納於乾乙癸納於坤己納於離戊納於坎乾則三畫純陽坤則三畫純陰離則上下皆陽坎則上下皆陰無生育之氣故此四卦所納之幹俱不取用惟震^庚納巽^辛納艮^丙納兌^丁四卦或上陽而下陰或上陰而下陽皆有生機故其所納之幹為立向者之取用。

選吉探原卷上終

受業　張南山　同校
　　　　李雨田
　　　　袁伯仙

選吉探原卷下

潤德堂叢書之四

鎮江袁樹珊著

月表須知篇

結婚姻與嫁娶動土與破土似同實異者

結婚姻嫁娶是兩事月表內有註宜結婚姻而不註宜嫁娶者、則不宜嫁娶有註宜嫁娶而不註宜結婚姻者、則不宜結婚姻修造動土、監造破土、葬埋亦是兩事月表內有註宜修造動土而不註宜破土者、則不宜破土有註宜破土而不註宜修造動土者、則不宜修造動土至於安葬啟攢雖為兩事儘可通用其他各事宜者註之不宜者則不註閱者務宜詳細檢查

按月表中有小字註忌動土破土有小字註不忌動土者、則萬不宜動土、破土有小字註不忌動土、破土者權宜用之無妨

選吉探原 卷下　七五

日之吉凶有從太歲幹枝變更者

上朔甲年癸亥日、乙年己巳日丙年乙亥日丁年辛巳日、戊年
庚年己亥日辛年乙巳日、壬年辛亥日癸年丁巳日、諸事不宜造葬嫁娶大凶雖月
丑日申年寅日酉年卯日戌年辰日亥年巳日造葬嫁娶大凶雖月
歲破子年午日丑年未日寅年申日卯年酉日辰年戌日巳年亥日午年子日未年
表某日註宜某事亦不可用

不可用如尋常之事與本命相合者權宜用之尚無大害。

表某日註宜某事亦不可用。

日之吉凶有從節氣變更者

土王用事在辰未戌丑四季之月立夏立秋立冬立春前各十八日共七十二日當
此期內雖月表載某日宜動土破土字樣亦不可用若在大寒五日後造葬權宜期
內卽不拘此。

氣往亡立春後七日驚蟄後十四日清明後二十一日立夏後八日芒種後十六日，
小暑後二十四日立秋後九日白露後十八日寒露後二十七日立冬後十日大雪

後二十日。小寒後三十日不宜上官赴任、嫁娶、移徙。雖月表某日註宜亦不可用。

四離春分夏至秋分冬至各前一日。四絕立春立夏立秋立冬各前一日。諸事不宜。如初一立春。初七為氣往亡是也。

造葬嫁娶大凶。雖月表某日註宜某事亦不可用。

日之吉凶有從固定日期變更者

月忌初五日、十四日、二十三日。不宜入學、上官赴任、結婚姻嫁娶、移徙、安床、修造動土豎柱上梁、開市立券交易、破土安葬啟攢。前清歷年時憲通書。凡遇此日。未註宜以上諸事者。此其明證。從時憲書凡遇此日。雖月表某日註宜某事亦不可用。

朔日望日忌嫁娶。與十五日同義。晦日忌嫁娶。雖月表某日註宜亦不可用。從未註宜嫁娶者。

朔日望日不忌造葬。晦日仍忌。

周堂不利日有月大月小之別。月大者初一日、初九日、十七日、二十五日、皆值夫。初十日、十八日、二十六日、皆值姑。月小者初七日、十五日、二十三日、皆值夫。初一日、初九日、十七日、二十五日、皆值婦。初四日、十二日、二十日、二十八日、皆值翁。初二日、初七日、十五日、二十三日、皆值婦。初四日、十二日、二十日、二十八日、皆值翁。初六日、十

四日二十二日皆值姑凡值夫婦翁姑之日最忌嫁娶雖月表往宜亦不可用如值

翁姑日而無翁姑者不忌否則於新人進宅時暫行迴避俟合卺後相見無妨

月表吉凶篇

正月六十甲子表

正月

甲己年　乙庚年　丙辛年　丁壬年　戊癸年

建丙寅　建戊寅　建庚寅　建壬寅　建甲寅

立春正月節天道南行宜修造南方。

天德在丁天德合在壬月德在丙月德合在辛月空在壬宜修造取土。

月建在寅月破在申月厭在戌月刑在巳月害在巳劫煞在亥災煞在子煞在丑。

忌修造取土。

立春前一日四絕。　後七日氣往亡。

	孟年	仲年	季年
年	白綠碧	黃白紫	黑赤白
	白黑赤	碧白綠	紫黃白

寅日起建　　白紫黄　　赤白黒　　緑碧白

（丙寅）天恩 月德（戊寅）天赦 天倉（壬寅）吠對 德合均宜結婚姻豎柱 上梁、土恩動立券、

交易牧養安葬惟丙寅壬寅兼宜啟攢。（庚寅）王日 要安（甲寅）天倉只宜立券交易、

餘事不利。丙寅戊寅壬寅均忌破土。

卯日值除 （丁卯）天德 不將（辛卯）德合 月德均宜祭祀祈福求嗣上官赴任、結婚姻嫁娶移

徙修造動土豎柱上梁立券交易栽種牧養破土安葬啟攢 （癸卯）官日 吠對

（乙卯）吉期只宜上官赴任、結婚姻立券交易破土啟攢 （己卯）天恩只宜上官

赴任結婚姻嫁娶立券交易餘均不利。

辰日值滿 （壬辰）六儀（丙辰）德合 月恩均宜祭祀祈福求嗣上官赴任、結婚姻嫁娶

移徙修造動土豎柱上梁開市立券交易牧養安葬破土不忌 （戊辰）天恩

金匱只宜祭祀祈福。 （庚辰）為真無祿日只宜祭祀餘事不利。 福德（甲辰）巫

按甲辰為無祿日如在寅年寅月歲月填實祿空方可祈福否則只宜祭祀。

巳日值平 （辛巳）德合 寶光（丁巳）天德四相只宜祭祀餘事不利。（己巳）死神（癸巳）游禍

選吉探原 卷下　七九　一〇九

（乙巳）五虛　一概無取。

按辛巳為無祿日，如在丙辛年寅月，歲德合、月德合所會之辰，方可選用。

午日值定　（庚午）時德　鳴吠（壬午）天恩（甲午）時德　鳴吠（丙午）月德　月恩（戊午）三合　時德均宜祭祀、祈福求嗣、上官赴任、結婚姻、嫁娶、移徙、豎柱上梁、開市、立券交易，惟壬午、甲午、丙午、戊午兼宜修造動土（只庚午忌動土），壬午、丙午兼宜栽種牧養、破土安葬，庚午兼宜牧養安葬（總破土），戊午、甲午兼宜牧養。

未日值執　（辛未）敬安（丁未）德合　天德　四相均宜祭祀、祈福求嗣、上官赴任、移徙、修造動土、豎柱上梁、栽種牧養、安葬破土，惟辛未兼宜結婚姻嫁娶。（癸未）觸水龍（乙未）五虛（己未）小耗　一概無取。

申日值破　（壬申）德合（甲申）解神（丙申）驛馬只宜祭祀。餘事無取。

（庚申）四廢　諸事不宜。

酉日值危　（丁酉）福生　天德宜祭祀、祈福求嗣、上官赴任、結婚姻、嫁娶、移徙、安床、修造動土、豎柱上梁、栽種牧養、破土安葬。（癸酉）鳴吠　陰德（乙酉）鳴吠　除神（己酉）鳴吠　天恩只宜

祭祀破土安葬餘事不利。　（辛酉）四廢　諸事不宜。

戌日值成　（丙戌）月德〔天喜〕（壬戌）德合〔天醫〕不忌均宜祭祀祈福求嗣入學修造動土豎柱上梁開市立券交易牧養安葬破土。（庚戌）〔天恩天喜〕只宜入學。（戊戌）為真無祿日。一概無取。　（甲戌）大煞　諸事不宜。

亥日值收　（乙亥）母倉六合〔月德〕（丁亥）〔天德〕不將均宜祭祀祈福求嗣上官赴任結婚姻移徙修造動土豎柱上梁開市立券交易牧養惟丁亥兼宜栽種。（辛亥）〔德合〕不將只宜祭祀祈福結婚姻開市立券交易栽種牧養。（癸亥）五富只宜祭祀。（己亥）母倉只宜祭祀祈福結婚姻移徙修造動土豎柱上梁開市立券交易栽種牧養。（癸亥）為幹枝俱盡日只宜祭祀。

子日值開　（丙子）月德〔天恩〕不將（壬子）德合〔天德〕均宜祭祀祈福求嗣入學上官赴任結婚姻嫁娶移徙修造動土豎柱上梁開市栽種牧養。（戊子）〔母倉生氣〕（庚子）〔母倉益後〕（甲子）〔時陽生氣〕青龍只宜祭祀入學餘事不利。

丑日值閉　（丁丑）天德（辛丑）續世只宜祭祀餘事不利。　（己丑）天賊（癸丑）

貴登天門時。雨水後春分前日躔在亥宮為正月將。

歸忌（乙丑）月熬　諸事不宜。

四大吉時雨水後春分前宜用甲丙庚壬酉子時。

甲日卯　乙日戌時　丙日亥時　丁日丑時　戊日卯

庚日卯時　辛日申時　壬日未時　癸日巳時　己日寅時

　　　　　　　　　　　　　　　　　　　即卯午
　　　　　　　　　　　　　　　　　　　酉子時。

二月六十甲子表

二月

甲己年　乙庚年　丙辛年　丁壬年　戊癸年

建丁卯　建己卯　建辛卯　建癸卯　建乙卯

驚蟄二月節天道西南行宜修造西南維。

天德在坤月德在甲月德合在己月空在庚宜修造取土。

月建在卯月破在酉月厭在酉月刑在子月害在辰劫煞在申災煞在酉月煞在戌。

忌修造取土。

驚蟄後十四日氣往亡。　春分前一日四離。

	孟年	仲年	季年
	紫白綠	綠紫白	白白黃
	黃白白	黑赤碧	白綠紫
	赤碧黑	白黃白	碧黑赤

卯日起建　（丁卯）天恩 四相　宜祭祀祈福求嗣上官赴任結婚姻移徙豎柱上梁、忌破土動

（辛卯）福生 五合　（癸卯）官日 六儀　破土不忌　（乙卯）明堂 吠對　只宜祭祀上官赴任。

辰日值除　（甲辰）月德 守日　吉期（丙辰）四相　均宜祭祀、上官赴任移徙、修造動土豎柱上

梁栽種惟甲辰兼宜祈福求嗣結婚姻嫁娶牧養安葬餘均不宜。　（戊辰）吉期（壬

辰）守日　只宜上官赴任。　（庚辰）天后　為真無祿日一概無取。

巳日值滿　（己巳）德合 天后　福德（癸巳）相日（乙巳）福德　聖心（丁巳）四相　均宜祭祀、

祈福開市立券交易惟己巳丁巳兼宜求嗣結婚姻豎柱上梁牧養餘均不宜。

按辛巳為無祿日如在辛年月歲德歲德合天幹三朋方可選用乙巳又為無祿

日如在卯年月歲月填實祿空方可選用。

午日值平　（庚午）月空（壬午）天恩（甲午）月德（丙午）四相（戊午）金匱只宜祭祀。

餘事不利。

未日值定　（辛未）陰德三合（癸未）三合天恩月恩（丁未）續世時陰德合（己未）續世

均宜祭祀、祈福求嗣、結婚姻嫁娶修造動土，宜祭祀、祈福求嗣、上官赴任移徙惟己未兼宜栽種安葬破土（乙未）寶光只

宜祭祀、祈福求嗣。餘事不利。

申日值執　（甲申）月德（丙申）天馬只宜祭祀。餘事無取。　（壬申）白虎（戊申）劫

煞（庚申）五離一概無取。

酉日值破　（乙酉）天火（丁酉）大耗（己酉）地火（辛酉）四廢（癸酉）月厭諸事不宜。

戌日值危　（甲戌）月德天廚宜祭祀、祈福求嗣、上官赴任、結婚姻、嫁娶、移徙、安床修造

動土、豎柱上梁、開市立券交易、栽種牧養安葬破土其餘各事亦不禁忌。因為德廚所會之辰

（丙戌）四相只宜祭祀。餘事不利。　（戊戌）月煞（庚戌）月虛（壬戌）天牢一概無

取。

亥日值成 （己亥）天醫 母倉（辛亥）臨日 天恩 均宜入學上官赴任結婚姻移徙修造動土、

竪柱上梁開市立券交易栽種牧養惟己亥兼宜祭祀祈福求嗣。（乙亥）三合 母倉

只宜入學上官赴任移徙修造動土竪柱上梁牧養。 （丁亥）為真無祿日只宜

祭祀。 （癸亥）為幹枝俱盡日一概無取

子日值收 （甲子）月德只宜祭祀餘事不利。 （丙子）天尅（戊子）大敗（庚子）咸

池（壬子）四耗諸事不宜

丑日值開 （乙丑）天恩 不將（丁丑）月恩 不將（己丑）德合（辛丑）時陽（癸丑）生氣 均宜祭祀、

祈福求嗣入學上官赴任移徙竪柱上梁牧養惟乙丑丁丑己丑兼宜嫁娶修造

動土辛丑兼宜修造動土丁丑己丑兼宜結婚姻己丑兼宜開市

按己丑為無祿日如在甲己年卯月歲德合月德合所會之辰方可選用。

寅日值閉 （丙寅）四相 天恩（戊寅）青龍 天赦（庚寅）五富 吠對（壬寅）五合 吠對（甲寅）吠對 月德均宜立券、

交易栽種牧養惟丙寅庚寅壬寅甲寅兼宜破土啟攢戊寅破土 不恩 甲寅兼宜安葬

貴登天門時春分後穀雨前日躔在戌宮為二月將。

乙日酉時　丙日戌時　丁日子時　戊日寅時　巳日丑酉時　庚日寅時

辛日卯未時　壬日午時　癸日辰時

四大吉時春分後穀雨前宜用艮巽坤乾申亥時。即寅巳

三月六十甲子表

三月

甲巳年　乙庚年　丙辛年　丁壬年　戊癸年

建戊辰　建庚辰　建壬辰　健甲辰　建丙辰

清明三月節天道北行宜修造北方。

天德在壬天德合在丁月德在壬月德合在丁月空在丙宜修造取土。

月建在辰月破在戌月厭在申月刑在辰月害在卯劫煞在巳災煞在午月煞在未。

忌修造取土。

清明後二十一日氣往亡。　土王用事後忌修造動土巳午日添母倉。

年　　　　孟年　　　仲年　　　季年

白黑白　碧白赤　紫黃綠
綠紫黃　白白黑　赤碧白

白赤碧　　黄綠紫　　黑白白

辰日起建　（壬辰）二德（丙辰）月空只宜祭祀。餘事不利。（戊辰）復日（庚辰）土府（甲辰）月刑諸事不宜。

巳日值除　（丁巳）四相宜祭祀祈福求嗣上官赴任結婚姻嫁娶移徙修造動土竪柱上梁開市立券交易裁種牧養。（己巳）劫煞（辛巳）重日（癸巳）劫煞一概無取。

午日值滿　（壬午）天德月德宜祭祀祈福求嗣上官赴任結婚姻嫁娶移徙竪柱上梁恩勤開市立券交易牧養安葬。恩破土（庚午）月恩（甲午）民日（丙午）四相（戊午）天巫只宜祭祀餘事不利。

未日值平　（丁未）德合只宜祭祀。餘事不利。（辛未）朱雀（癸未）死神（乙未）月（己未）天巫諸事不宜。

申日值定　（壬申）二德（丙申）臨日（庚申）月恩只宜祭祀。餘事不利。（甲申）七往（戊申）孤辰一概無取。

酉日值執　（乙酉）天願（丁酉）不將 德合　均宜祭祀、祈福、求嗣、上官赴任、結婚姻、嫁娶、
移徙、豎柱上梁、忌動土 立券交易、牧養、安葬、忌破土 惟乙酉兼宜開市。（癸酉）六合鳴吠
（己酉）六合 只宜祭祀、祈福、結婚姻、嫁娶、安葬、忌破土 （辛酉）六合只宜祭祀、餘事
不利。

戌日值破　（甲戌）解神（丙戌）月空（戊戌）福生（庚戌）月恩（壬戌）二德只宜祭祀
餘事不利。

亥日值危　（丁亥）德合　宜祭祀、上官赴任、結婚姻、移徙、安床、修造動土、豎柱上梁、
栽種牧養。（己亥）不將母倉 天恩 玉堂 只宜安床、栽種、牧養 （乙亥）不將母倉只宜安
床、牧養餘事不利。（癸亥）游禍一概無取。

按丁亥為無祿日如在丁壬年辰月歲德合月德合所會之辰方可選用。

子日值成　（丙子）天喜（戊子）天喜天醫（庚子）月恩母倉（壬子）三合二德均宜祭祀、祈福、入學、
上官赴任、結婚姻、嫁娶、修造動土、豎柱上梁、開市立券交易、栽種牧養、惟丙子庚
子壬子兼宜求嗣破土啟攢壬子兼宜安葬。（甲子）天倉天恩只宜祭祀、祈福、入學、

八八

上官赴任、豎柱上梁、開市、立券交易、牧養餘事不利。

丑日值收 （丁丑）德合不將宜祭祀祈福求嗣上官赴任、結婚姻、嫁娶、移徙、修造動土、豎柱上梁、裁種、牧養、安葬。不忌破土恩動 （己丑）益後（辛丑）益後（癸丑）天恩（乙丑）天恩

只宜祭祀餘事不利。

寅日值開 （戊寅）天赦生氣時陽月恩（庚寅）時陽二德（壬寅）六儀陽德（甲寅）陽德續世（丙寅）四相五合均宜入學、上官赴任、移徙、修造動土、豎柱上梁、開市、立券交易、裁種、牧養惟戊寅庚寅壬寅

丙寅兼宜結婚姻戊寅壬寅兼宜嫁娶。

卯日值閉 （丁卯）德合只宜祭祀餘事不利。 （己卯）致死（辛卯）月害（癸卯）血支（乙卯）天吏一概無取。

貴登天門時穀雨後小滿前日躔在酉宮為三月將。

丁日亥酉時 戊日丑未時 己日子申時 庚日丑未時 辛日寅午時 壬日巳時
癸日卯時

四大吉時穀雨後小滿前宜用癸乙丁辛即丑辰未戌時。

四月

四月六十甲子表

甲巳年 乙庚年 丙辛年 丁壬年 戊癸年
建己巳 建辛巳 建癸巳 建乙巳 建丁巳

立夏四月節天道西行宜修造西方。
天德在辛天德合在丙天德在庚德合在乙月德在甲宜修造取土
月建在巳月破在亥月厭在未月刑在申月害在寅劫煞在寅災煞在卯月煞在辰。
忌修造取土。

立夏前一日四絕。　後八日氣往亡。

孟	黃白紫	黑赤白	白綠碧		
仲	碧白綠	紫黃白	白黑赤		
年	赤白黑	綠碧白	白紫黃		

巳日起建　（辛巳）天德（乙巳）德合王日（丁巳）王日只宜上官赴任餘事不利。
天恩王日均宜祭祀祈福求嗣上官赴任、結婚姻嫁娶、
移徙豎柱上梁、恩動牧養。（癸巳）

九〇

一二〇

（巳巳）陽錯諸事不宜。

按乙巳為無祿日如在乙庚年巳月歲德合、月德合所會之辰方可選用。

午日值除　（庚午）月德青龍（甲午）天赦聖心均宜祭祀祈福求嗣上官赴任結婚姻嫁娶移徙修造動土豎柱上梁栽種牧養破土安葬　（丙午）吉期（戊午）四相只宜祭祀　（壬午）鳴吠天恩只宜祭祀祈福上官赴任破土安葬餘事不利。

未日值滿　（辛未）天德（癸未）天恩（乙未）天巫（丁未）明堂益後只宜祭祀。

申日值平　（丙申）天德合天願（庚申）月德五富均宜祭祀上官赴任移徙修造動土豎柱上梁開市立券交易栽種牧養惟丙申兼宜結婚姻嫁娶餘事亦不禁忌。因為德合天願二星俱會之辰庚申兼宜破土安葬　（壬申）相日（甲申）六合（戊申）續世只宜祭祀餘事不利。

按丙申為無祿日如在丙辛年巳月天德合歲德合所會之辰方可選用或在巳年巳月歲月填實祿空方可選用。

酉日值定　（癸酉）民日三合（乙酉）德合不將（丁酉）時除不將（巳酉）四相天恩（辛酉）天德餘神均宜上官

赴任結婚姻嫁娶移徙豎柱上梁開市立券交易牧養安葬。

酉辛酉兼宜祭祀祈福求嗣癸酉乙酉丁酉辛酉兼宜修造動土破土辛酉兼宜

栽種。

戌日值執　（戊戌）不將（庚戌）月德天恩均宜祭祀祈福求嗣上官赴任結婚姻嫁娶

移徙修造動土豎柱上梁栽種牧養惟庚戌兼宜安葬。（丙戌）德合只宜祭、

祀祈福求嗣。（甲戌）月空不將只宜嫁娶餘事不利。（壬戌）天賊一概無取

按戌戌為無祿日如在巳年巳月歲月填實祿空方可選用。

亥日值破　（乙亥）德合（巳亥）月恩（辛亥）天德只宜祭祀餘事不利。（丁亥）往亡

（癸亥）四廢一概無取。

子日值危　（丙子）天馬（庚子）吠對月德均宜祭祀祈福求嗣上官赴任移徙安床修

造動土豎柱上梁栽種牧養惟庚子兼宜結婚姻嫁娶破土安葬啟攢（戊子）

四相只宜祭祀餘事不利（甲子）白虎（壬子）四廢一概無取。

丑日值成　（乙丑）天恩天喜（丁丑）六儀（巳丑）四相（辛丑）天德天喜（癸丑）天醫

玉堂均宜入學。

九二

只巳酉恩動土破土惟乙酉巳

一三二

上官赴任修造動土豎柱上梁開市立券交易惟乙丑丁丑己丑辛丑兼宜結婚

姻乙丑己丑辛丑兼宜祭祀祈福求嗣牧養己丑辛丑兼宜裁種乙丑辛丑兼宜

嫁娶安葬破土不忌

按己丑為無祿日如在己年月歲德歲德合天幹三朋方可選用。

寅日值收 （丙寅）德合（庚寅）五合均宜上官赴任結婚姻嫁娶移徙豎柱上梁、動

土立券交易牧養惟庚寅兼宜安葬啟攢。 （戊寅）天牢（壬寅）月害（甲寅）

劫煞一概無取。

卯日值開 （辛卯）生氣均宜祭祀祈福求嗣入學上官赴任結婚姻、

嫁娶移徙修造動土豎柱上梁開市立券交易牧養惟辛卯兼宜裁種 （癸卯）

陰德 （丁卯）天恩（己卯）普護只宜祭祀入學餘事不利

辰日值閉 （庚辰）月德 （丙辰）陽德只宜祭祀餘事不利 （戊辰）絕陰（壬辰）五虛

（甲辰）八風諸事不宜。

貴登天門時小滿後戌至前日躔在申宮為四月將。

丙日戌時　丁日戌時　戊日午時　巳日亥時　庚日午時　辛日巳時

　　　　　　　　　申時　　　　子時　　　未時　　　　子時　　　丑時

壬日寅時　癸日寅時

　　　辰時

四大吉時　小滿後夏至前宜用甲、丙、庚、壬、即卯午

五月六十甲子表　　　　　　　　　　　　　　　　　酉子時。

五月

甲巳年　乙庚年　丙辛年　丁壬年　戊癸年

建庚午　建壬午　建甲午　建丙午　建戊午

芒種五月節天道西北行宜修造西北維。

天德在乾月德在丙月德合在辛月空在壬宜修造取土。

月建在午月破在子月厭在午月刑在午月害在丑劫煞在亥災煞在子月煞在丑

忌修造取土。

芒種後十六日氣往亡。　夏至前一日四離。

<table>
<tr><td>年</td><td>孟</td><td></td><td></td></tr>
<tr><td></td><td>黑赤碧</td><td>綠紫白</td><td></td></tr>
<tr><td>年</td><td>仲</td><td></td><td></td></tr>
<tr><td></td><td>白綠紫</td><td>白白黃</td><td></td></tr>
<tr><td>年</td><td>季</td><td></td><td></td></tr>
<tr><td></td><td>黃白白</td><td>赤碧黑</td><td></td></tr>
</table>

白黃白　　碧黑赤　　紫白綠

午日起建（甲午）天赦只宜祭祀餘事不利。（庚午）土符（壬午）月刑（丙午）二錯

（戊午）月厭諸事不宜

未日值除（辛未）德合（丁未）六合（己未）四相均宜祭祀，祈福求嗣、上官赴任、移徙修造動土豎柱上梁立券交易、栽種牧養惟辛未丁未兼宜結婚姻嫁娶辛未己未兼宜安葬。破土丁未兼宜開市。（癸未）天恩六合（乙未）不將只宜上官赴任、結婚姻嫁娶立券交易、安葬、破土餘事不利。

申日值滿（甲申）福德（庚申）驛馬（丙申）均宜祭祀、祈福、移徙、開市、破土、安葬。惟甲申兼宜結婚姻立券交易破土安葬（戊申）不將宜祭祀祈福求嗣上官赴任嫁娶移徙修造動土豎柱上梁開市栽種牧養惟丙申兼宜結婚姻立券交易破土安葬。

酉日值平（己酉）敬安（辛酉）明堂只宜祭祀。餘事不利（癸酉）數死（乙酉）天罡（丁酉）天吏一概無取。

（壬申）為真無祿日只宜祭祀。餘事不利。

戌日值定　（甲戌）三合〔月恩〕（庚戌）不將〔天恩〕（壬戌）月空〔天倉〕普護均宜祭祀祈福上官赴任結婚姻嫁娶豎柱上梁立券交易。只壬戌忌動土惟甲戌庚戌兼宜修造動土。（丙戌）不將〔月德〕（戊戌）不將宜祭祀祈福求嗣上官赴任結婚姻嫁娶移徙修造動土豎柱上梁立券交易牧養惟丙戌兼宜栽種安葬。

按戌戌為無祿日如在戌年月歲德歲德合天幹三朋方可選用。

亥日值執　（乙亥）福生〔不忌破土〕（丁亥）五富（己亥）四相（辛亥）德合〔破土〕（癸亥）五富只宜祭祀。餘事不利。

子日值破　（丙子）月德只宜祭祀餘事不利（甲子）福生（戊子）五盧招搖（庚子）天火（壬子）四腔諸事不宜。

丑日值危　（乙丑）天恩（丁丑）陰德（己丑）四相（辛丑）聖心（癸丑）寶光只宜祭祀，餘事不利，

寅日值成　（丙寅）月德吹對（戊寅）母倉益後（庚寅）天馬天喜（壬寅）天醫五合均宜入學上官赴任、結婚姻嫁娶修造動土豎柱上梁開市立券交易栽種牧養惟丙寅兼宜破土安

葬啟攢庚寅壬寅兼宜破土啟攢。 （甲寅）母倉

豎柱上梁開市立券交易栽種牧養破土啟攢。 吠對只宜入學上官赴任修造動土

卯日值收 （丁卯）天恩 （巳卯）續世（辛卯）玉堂（癸卯）五合（乙卯）母倉只宜祭祀。

餘事不利。

辰日值開 （戊辰）天恩 時陽 時德（庚辰）生氣（丙辰）月德 均宜祭祀、祈福求嗣、
四相（壬辰）時陽 生氣 生氣

入學上官赴任、結婚姻、移徙修造動土豎柱上梁、栽種牧養惟丙辰兼宜嫁娶開

市。 （甲辰）為真無祿日只宜祭祀餘事不利。

按庚辰為無祿日如在夏至前太陽填祿方可用。

巳日值閉 （巳巳）天恩 （癸巳）游禍
玉宇（辛巳）德合只宜祭祀栽種牧養餘事不利。

（乙巳）血支（丁巳）四相 復日一概無取

按辛巳為無祿日如在丙辛年午月歲德合月德合所會之辰方可選用。

貴登天門時夏至後大暑前日躔在未宮為五月將。

乙日戌時 丙日酉時 丁日未時 戊日亥時 己日午戌時 庚日辰時

辛日子辰時　壬日丑時

四大吉時夏至後大暑前宜用艮巽坤乾申亥時。

卯寅巳

六月六十甲子表

六月

甲巳年　乙庚年　丙辛年　丁壬年　戊癸年

建辛未　建癸未　建乙未　建丁未　建己未

小暑六月節天道東行宜修造東方。

天德在甲天德合在己月德在甲月德合在巳月空在庚宜修造取土。

月建在未月破在丑月厭在巳月刑在丑月害在子劫煞在申災煞在酉煞在戌。

忌修造取土。

小暑後二十四日氣往亡。　土王用事後忌修造動土巳午日添母倉。

年		仲		季	
孟					
碧白赤	紫黃綠	白黑白			
白白黑	赤碧白	綠紫黃			
黃綠紫	黑白白	白赤碧			

未日起建 （辛未）月恩 聖心 宜祭祀祈福求嗣上官赴任結婚姻移徙竪柱上梁土恩動

牧養 （癸未）天恩不將 （乙未）守日不將只宜祭祀上官赴任嫁娶 （丁未）聖心（己未）

四相均宜祭祀上官赴任惟己未兼宜移徙牧養

申日值除 （甲申）二德宜祭祀祈福求嗣上官赴任結婚姻嫁娶移徙修造動土 （壬申）陽德（丙申）益後（戊申）司命

竪柱上梁裁種牧養破土安葬 （庚申）除神

酉日值滿 （己酉）天恩德合宜祭祀祈福求嗣上官赴任結婚姻嫁娶移徙修造動土 （癸酉）民日（乙酉）天巫（丁酉）福德（辛

竪柱上梁開市立券交易裁種牧養

酉）月恩只宜祭祀餘事不利。

戌日值平 （甲戌）二德只宜祭祀餘事不利。 （丙戌）月虛（戊戌）月煞（庚戌）土

（壬戌）河魁諸事不宜。 符土

亥日值定 （己亥）四相德合 （辛亥）三合六儀均宜祭祀祈福求嗣上官赴任結婚姻移徙 （乙亥）明堂陰德（丁亥）陰

修造動土竪柱上梁立券交易牧養惟己亥兼宜裁種

玉宇宜修造動土豎柱上梁、牧養惟乙亥兼宜結婚姻、立券交易　（癸亥）四廢　一

一○○

概無取。

按丁亥為無祿日如在丁年月歲德、歲德合天幹三朋或在大暑後太陽填實祿

空方可選用。

子日值執　（甲子）天德月德宜祭祀、祈福求嗣、上官赴任、結婚姻、嫁娶、修造動土、豎柱

上梁、牧養、安葬、破土不忌　（戊子）解神只宜祭祀。　（丙子）鈎水龍（庚子）天刑（壬子）

四廢一概無取。

丑日值破　（己丑）德合只宜祭祀、餘事不利。　（乙丑）四擊（丁丑）九空（辛丑）朱雀

（癸丑）月破諸事不宜。

寅日值危　（戊寅）母倉天恩（庚寅）金匱（壬寅）五合（甲寅）二德均宜安床、

四相　五富　吠對　吠對　吠對

開市立券交易、栽種、牧養惟丙寅庚寅壬寅甲寅兼宜破土啟攢甲寅兼宜安葬。

丙寅戊寅庚寅壬寅兼宜結婚姻戊寅甲寅兼宜上官赴任、移徙、修造動土豎柱

上梁。

一三○

卯日值成　（丁卯）天喜　（己卯）天醫　（辛卯）天德合　（癸卯）五合　（乙卯）三合　均宜入學
上官赴任、結婚姻、嫁娶、移徙、修造、動土、豎柱、上梁、開市、立券、交易、牧養、惟丁卯辛
卯癸卯乙卯兼宜破土、啓攢丁卯己卯辛卯癸卯兼宜裁種己卯辛卯兼宜祭祀
祈福、求嗣。

辰日值收　（甲辰）二德　普護宜祭祀、祈福、求嗣、上官、赴任、結婚姻、嫁娶、移徙、修造、動土、
豎柱、上梁、裁種、牧養、安葬。不忌破土　（壬辰）天馬只宜祭祀、裁種、牧養。　（丙辰）時德
只宜祭祀、牧養。　（戊辰）四相只宜祭祀。　（庚辰）真無祿日亦只宜祭祀、餘事
不利。

巳日值開　（己巳）德合　福生（辛巳）天恩　五堂（癸巳）時陽　生氣（乙巳）驛馬　天后只宜祭祀、入學餘事
不利。　（丁巳）大會諸事不宜。

午日值閉　（庚午）六合　鳴吠（壬午）天恩　鳴吠（甲午）天赦　二德均宜破土、安葬惟甲午兼宜祭祀。
其餘各事。亦不禁忌所會之辰。　（戊午）天願只宜祭祀、餘事不利。　（丙午）退神
諸事不宜。因爲德赦

貴登天門時大暑後處暑前日躔在午宮為六月將。

乙日酉時　丙日申時　丁日午時　戊日辰時

辛日亥時　壬日寅時　癸日寅時　己日巳時　庚日戌時

四大吉時大暑後處暑前宜用癸乙丁辛。即丑辰未戌時。

七月六十甲子表

七月

甲巳年　乙庚年　丙辛年　丁壬年　戊癸年

建壬申　建甲申　建丙申　建戊申　建庚申

立秋七月節天道北行宜修造北方。

天德在癸。天德合在戊月德在壬月德合在丁月空在丙宜修造取土。

月建在申月破在寅月厭在辰月刑在寅月害在亥劫煞在巳災煞在午月煞在未。

忌修造取土。

立秋前一日四絕。　後九日氣往亡。

孟
年　紫黄白
　　緣碧白

仲
年　白黑赤
　　白紫黄

季
年　碧白綠
　　赤白黑

申日起建（戊申）德合（壬申）天赦　均宜祭祀祈福求嗣上官赴任、結婚姻、嫁娶

移徙竪柱上梁牧養安葬。壬申、忌動土、破土。戊申、乃德合天赦所會之辰。其餘各事。皆不禁忌。

月德（甲申）不將（丙

申）王日（庚申）天倉　除神　宜上官赴任惟甲申兼宜嫁娶

按壬申日在立秋後與月德併故不以無祿論丙申乃無祿

德歲德合天幹三朋或在處暑後太陽填實祿空方可選用

日必須在丙年月歲

酉日值除（癸酉）四相天德（丁酉）德合鳴吠　均宜祭祀祈福求嗣結婚姻修造動土竪柱

上梁牧養破土安葬（乙酉）鳴吠吉期（己酉）天恩（辛酉）陰德鳴吠只宜破土安葬餘事

不利。

戌日值滿（戊戌）德合母倉（壬戌）月恩月德均宜上官赴任結婚姻嫁娶移徙修造動土竪

柱上梁開市立券交易栽種牧養安葬。不忌破土（甲戌）六儀（丙戌）月空（庚戌）陽德

只宜栽種牧養餘事不利。

按戊戌為無祿日如在戊癸年申月。天德合歲德合所會之辰或在處暑後太陽

填實祿空方可選用。

亥日值平　（丁亥）德合普護宜祭祀上官赴任、結婚姻、移徙豎柱上梁思動　牧養。（乙

亥）相日（己亥）普護（辛亥）天恩（癸亥）天恩只宜祭祀餘事不利。

按丁亥為無祿日如在丁壬年申月歲德合月德合所會之辰方可選用。或在處暑後太陽填實祿空。

方可選用。

子日值定　（甲子）福生天恩（丙子）時陰月空（戊子）青龍德合（庚子）時陰德合（壬子）吠對月德吠對均宜祭祀、

祈福求嗣上官赴任移徙修造動土豎柱上梁開市立券交易牧養惟甲子丙子

戊子壬子兼宜結婚姻嫁娶壬子兼宜破土啟攢丙子兼宜破土啟攢。

戊子兼宜栽種安葬啟攢丙子兼宜破土啟攢。

戊子兼宜栽種安葬。不忌土

丑日值執　（丁丑）母倉德合（癸丑）母倉天德均宜祭祀、祈福求嗣上官赴任、修造動土豎柱

上梁栽種牧養安葬不忌土惟丁丑兼宜結婚姻嫁娶。（己丑）明堂只宜栽種牧養

（乙丑）天恩只宜牧養餘事不利。　（辛丑）五墓一概無取。

按巳丑為無祿日如在處暑前太陽填實祿空方可選用。

寅日值破 （丙寅）天刑 （庚寅）復日（甲寅）四廢（戊寅）大耗 月破（壬寅） 一概無取。

卯日值危 （丁卯）天恩 吠對 （癸卯）天德四相 均宜祭祀祈福求嗣上官赴任結婚姻嫁娶移徙安床豎柱上梁恩勤土開市立券交易牧養安葬啓攢。恩勤破土 （乙卯）四廢諸事不宜。 （辛卯）益後 吠對 只宜祭祀。 （己卯）五合只宜祭祀餘事不利。

辰日值成 （戊辰）月德 天喜（壬辰）母倉 不忌破土 均宜祭祀祈福求嗣入學修造動土豎柱上梁開市立券交易牧養 （丙辰）三合只宜祭祀入學。 （甲辰）金匱只宜祭祀入學。 （庚辰）復日諸事不宜。

巳日值收 （己巳）天德寶光（癸巳）天德四相（丁巳）德合五富六合 均宜祭祀祈福求嗣上官赴任結婚姻嫁娶移徙豎柱上梁開市立券交易牧養惟己巳癸巳兼宜修造動土栽種。 （辛巳）（乙巳）皆為真無祿日只宜祭祀餘事不利。 按辛巳乙巳日祿迸空而無填實之神故不取。

午日值開 （壬午）月德不將（戊午）德合不將 均宜祭祀祈福求嗣入學上官赴任結婚姻

嫁娶、移徙修造動土豎柱上梁開市栽種牧養。（庚午）_{月空}

天馬生氣（甲午）時陽玉宇（丙

午）玉宇只宜祭祀、入學餘事不利。（辛未）月空（乙未）血支

未日值閉　（癸未）天德（丁未）德合只宜祭祀餘事不利。

（巳未）月煞諸事不宜。

貴登天門時，處暑後秋分前日躔在巳宮為七月將、

甲日酉時　乙日申時　丙日未時　丁日巳時　戊日卯酉時

庚日丙時　辛日戌時　壬日亥時　癸日丑時　巳日辰時

四大吉時處暑後秋分前宜用甲丙庚壬即卯午酉子時。

八月

八月六十甲子表

甲巳年　乙庚年　丙辛年　丁壬年　戊癸年

建癸酉　建乙酉　建丁酉　建己酉　建辛酉

白露八月節天道東北行宜修造東北維。

天德在艮月德在庚月德合在乙月空在甲宜修造取土。

月建在酉月破在卯月厭在卯月刑在酉月害在戌劫煞在寅災煞在卯月煞在辰。

�差修造取土。

白露後十八日氣往亡。　　秋分前一日四離。

年　　碧黑赤　　　　年　　紫白綠　　　　年　　白黃白

孟　　白綠紫　　　仲　　黃白白　　　季　　黑赤碧

　　　白白黃　　　　　赤碧黑　　　　　綠紫白

酉日起建　（癸酉）月恩（乙酉）德合（丁酉）益後（辛酉）六儀只宜祭祀餘事不利。

（己酉）五離諸事不宜。

戌日值除　（庚戌）天恩月德宜祭祀祈福求嗣上官赴任結婚姻嫁娶移徙修造動土不忌破土。（甲戌）母倉月空（丙戌）吉期績世（戊戌）守日（壬戌）守日四相竪柱上梁裁種牧養安葬。

均宜祭祀上官赴任裁種惟壬戌兼宜移徙修造動土竪柱上梁。

按戌無祿日如在秋分前太陽填祿方可用

亥日值滿　（乙亥）德合要安宜祭祀祈福求嗣上官赴任結婚姻移徙修進動土竪柱

上梁開市立券交易牧養

立券交易。（辛亥）天恩 驛馬 只宜祭祀祈福移徙

利。

子日值平　（甲子）月空（丙子）時德（戊子）民日（庚子）陽德壬子玉宇 只宜祭祀餘

事不利。

丑日值定　（乙丑）德合（癸丑）天恩 四相 均宜祭祀祈福求嗣上官赴任移徙修造動土

豎柱上梁立券交易牧養惟乙丑兼宜結婚姻嫁娶安葬不忌 破土　（丁丑）三合只宜

結婚姻嫁娶修造動土豎柱上梁立券交易牧養。　（辛丑）復日（己丑）為真無

祿日一概無取。

寅日值執　（丙寅）地囊（戊寅）歸忌（庚寅）小耗（壬寅）劫煞（甲寅）八專一概無取，

卯日值破　（丁卯）天火（己卯）衝陽（辛卯）復日（癸卯）月破（乙卯）四廢諸事不宜。

辰日值危　（庚辰）天願 宜祭祀祈福求嗣上官赴任結婚姻嫁娶移徙安床修造

動土豎柱上梁開市立券交易栽種牧養安葬破土其餘各事亦不禁忌所會之辰

上梁開市立券交易牧養　（丁亥）相日 福德（己亥）天后 均宜祭祀祈福移徙開市、

　　　　　　　　　　　　　　（癸亥）月恩只宜祭祀餘事不

　　　　　　　　　（丁丑）母倉三合只宜

　　　　　　　　　　　　　　　　　　　（己丑）為真無

不忌因為德合

一〇八

一三八

（壬辰）四相只宜祭祀。　（戊辰）四擊（甲辰）月煞（丙辰）天刑諸事不宜。

巳日值成　（己巳）天喜三合（辛巳）天喜不將（癸巳）普護（乙巳）天喜德合（丁巳）天喜臨日均宜祭祀、祈福入學上官赴任結婚姻嫁娶移徙修造動土豎柱上梁開市立券交易牧養。

惟癸巳乙巳兼宜求嗣、巳巳辛巳癸巳丁巳兼宜栽種。

按辛巳為無祿日如在酉年酉月歲德填實祿空方可選用乙巳又為無祿日如在乙庚年酉月歲德合月德合所會之辰或在乙年乙月歲德歲德合天幹三朋方可選用。

午日值收　（庚午）月德（壬午）天恩（甲午）鳴吠（丙午）金匱（戊午）福生只宜祭祀。　●

餘事不利。

未日值開　（辛未）母倉不將（癸未）天恩不將（乙未）德合寶光（丁未）生氣（己未）時陽寶光均宜祭祀、祈福求嗣入學上官赴任移徙豎柱上梁忌動土　牧養惟癸未乙未兼宜結婚姻嫁娶辛未兼宜嫁娶乙未兼宜開市。

申日值閉　（甲申）月德（丙申）鳴吠（戊申）聖心（庚申）月德鳴吠均宜祭祀、牧養安葬。

五富天赦鳴吠（戊申）均宜祭祀牧養安葬。

惟甲申兼宜裁種破土戊申庚申兼宜立券交易裁種庚申兼宜破土：（壬申）

為真無祿日只宜祭祀餘事不利。

按丙申為無祿日如在秋分前太陽填實祿空方可選用。

貴登天門時秋分後霜降前日躔在辰宮為八月將。

甲日　寅時　　乙日　卯時　　丙日午時　　丁日辰時　　已日卯時　　辛日酉時
　　　申時　　　　未時

壬日戌時　　癸日子時

四大吉時秋分後霜降前宜用艮、巽坤乾申亥時。即寅巳

九月六十甲子表

九月

甲已年　乙庚年　丙辛年　丁壬年　戊癸年

建甲戌　建丙戌　建戊戌　建庚戌　建壬戌

寒露九月節天道南行宜修造南方。

天德在丙天德合在辛月德在丙月德合在辛月空在壬宜修造取土。

月建在戌月破在辰月厭在寅月刑在未月害在酉劫煞在亥灾煞在子月煞在丑

忌修造取土。

寒露後二十七日氣往亡。　土王用事後忌修造動土巳午日添母倉。

孟　紫黃綠
仲　綠紫黃
季　黃綠紫

年　黑白白
　　白赤碧
　　黃綠紫

年　白黑白
　　赤碧白
　　白白黑

年　碧白赤
　　白白黑
　　黃綠紫

戌日起建　（丙戌）天德 月德（庚戌）月恩（壬戌）四相均宜祭祀上官赴任移徙豎柱上梁。土忌動　丙戌兼宜嫁娶安葬。土忌破　（甲

丙戌壬戌兼宜祈福求嗣結婚姻豎柱上梁。

（戌）白虎　（戊戌）復日諸事不宜。

亥日值除　（辛亥）天德合宜祭祀祈福求嗣上官赴任移徙豎柱上梁。土忌動　牧養。

（癸亥）敬安只宜祭祀　（乙亥）天恩 重日（丁亥）八風（己亥）土符一概無取。

子日值滿　（丙子）二德宜祭祀祈福求嗣上官赴任結婚姻嫁娶修造動土豎柱

上梁開市立券交易栽種牧養破土安葬啟攢。　（甲子）普護（戊子）民日（庚子）

天火（壬子）月空只宜祭祀餘事不利。

丑日值平（辛丑）德合只宜祭祀。（乙丑）天匡（丁丑）死神（己丑）月煞（癸丑）觸水龍諸事不宜。

寅日值定（丙寅）月厭（戊寅）復日（庚寅）九坎（壬寅）九焦（甲寅）孤辰諸事不宜。

卯日值執（辛卯）天願（癸卯）四相均宜祭祀祈福求嗣上官赴任結婚姻嫁娶移徙修造動土豎柱上梁栽種牧養破土安葬啓攢惟辛卯兼宜開市立券交易其餘各事亦不禁忌。（丁卯）六合均宜祭祀祈福結婚姻嫁娶安葬。己卯不因為德顧所會之辰惟丁卯兼宜破土啓攢。

辰日值破（戊辰）青龍（庚辰）解神（壬辰）益後（甲辰）母倉（丙辰）二德只宜祭祀。餘事不利。（乙卯）天恩聖心只宜祭祀餘事不利。（己卯）天恩五合宜祭祀。

巳日值危（辛巳）德合（癸巳）四相均宜祭祀上官赴任、結婚姻嫁娶移徙安床修造動土豎柱上梁栽種牧養（己巳）陰德（乙巳）明堂（丁巳）續世只宜祭祀、安床餘事不利。

按辛巳為無祿日如在丙辛年戌月歲德合月德合所會之辰方可選用乙巳又

為無祿日。如在霜降後。太陽填實祿空方可選用。

午日值成　（庚午）月恩（壬午）三合（甲午）要安（丙午）不將均宜入學、

上官赴任、結婚姻、嫁娶移徙修造動土豎柱上梁開市立券交易惟庚午壬午丙

午兼宜祭祀祈福求嗣栽種牧養庚午壬午甲午丙午兼宜破土安葬。

未日值收　（辛未）德合（癸未）玉宇只宜祭祀。　（乙未）朱雀（丁未）八風（己未）專

一概無取。

申日值開　（甲申）全堂（丙申）二德（戊申）天后均宜祭祀、祈福求嗣

入學上官赴任移徙修造動土豎柱上梁開市栽種牧養惟丙申戊申兼宜結婚

姻嫁娶。　（壬申）為真無祿日只宜祭祀。餘事不利。

酉日值閉　（癸酉）寶光（辛酉）德合只宜祭祀。（乙酉）五離（丁酉）支血

一概無取。

貴登天門時霜降後小雪前日躔在卯宮為九月將。

甲日丑時　乙日寅時　丙日卯時　丁日卯時　壬日酉時　癸日酉時
　　未時　　　午時　　　巳時　　　　　　　戌時　　　寅時

四大吉時霜降後小雪前宜用癸、乙、丁、辛、(即丑辰未戌時。)

十月六十甲子表

十月

甲巳年　乙庚年　丙辛年　丁壬年　戊癸年
建乙亥　建丁亥　建巳亥　建辛亥　建癸亥

立冬十月節天道東行宜修造東方。

天德在乙天德合在庚月德在甲月德合在巳月空在庚宜修造取土。

月建在亥月破在巳月厭在丑月刑在亥月害在申劫煞在申災煞在酉月煞在戌。

忌修造取土。

立冬前一日氣四絕。後十日往亡。

年　　白紫黃　　赤白黑　　綠碧白

孟　　白綠碧　　黃白紫　　黑赤白

仲　　白黑赤　　碧白綠　　紫黃白

季

亥日起建　(乙亥)天德(丁亥)續世(辛亥)旺日(癸亥)寶光只宜祭祀。餘事不利。

（己亥）九坎諸事不宜。

子日值除　（甲子）天赦月德（庚子）吠對均宜祭祀、祈福、求嗣、上官赴任、結婚姻、嫁娶、移徙、修造、動土、豎柱上梁、栽種、牧養、安葬、惟甲子諸事不忌。因為赦德所會之辰庚子兼宜破土、啟攢。（丙子）天馬吠對只宜上官、赴任、移徙、破土、啟攢（戊子）歲薄（壬子）復日一概無取。

丑日值滿　（乙丑）天德（丁丑）天巫（己丑）玉宇（辛丑）守日（癸丑）玉堂只宜祭祀。餘事不利。

寅日值平　（丙寅）天恩六合（戊寅）五富時德（庚寅）不將（壬寅）天願吠對（甲寅）月德均宜上官、赴任、移徙、豎柱上梁、開市立券交易、牧養、惟丙寅、戊寅、庚寅、壬寅、甲寅兼宜結婚姻、嫁娶、丙寅、庚寅、甲寅兼宜修造、動土、栽種。只戊寅忌動土。丙寅、庚寅、甲寅兼宜破土、安葬、啟攢戊寅兼宜安葬土

卯日值定　（丁卯）天德合五合不將（己卯）德合不將（辛卯）時陰不將（癸卯）不將（乙卯）天德時德四相均宜上官、赴任、結婚姻、嫁娶、移徙、修造、動土、豎柱上梁、開市立券交易、牧養、惟己卯、乙卯兼

宜祭祀、祈福求嗣己卯兼宜裁種。丁卯辛卯癸卯乙卯兼宜破土啟攢乙卯己卯

兼宜安葬。只己卯不忌破土

辰日值執　（庚辰）天恩陽德（甲辰）月德四相均宜祭祀、祈福求嗣上官赴任、結婚姻嫁娶移

徙豎柱上梁、忌動土。牧養安葬。土忌破　（戊辰）小耗（壬辰）復日（丙辰）天賊一概無取。

按庚辰為無祿日。如在乙庚年亥月天德合歲德合所會之辰方可選用甲辰雖

為無祿日因與月德併不以無祿論。

巳日值破　（己巳）德合（乙巳）天德只宜祭祀、餘事不利　（辛巳）重日（癸巳）月破

（丁巳）四廢一概無取。

午日值危　（庚午）德合鳴吠（甲午）月德四相均宜祭祀、祈福求嗣上官赴任、結婚姻嫁移

徙安床修造動土豎柱上梁栽種牧養破土安葬。　（壬午）青龍（丙午）普護（戊

午）普護只宜祭祀餘事不利。

未日值成　（辛未）福生（癸未）六儀（乙未）月恩（丁未）臨日（己未）天醫

天喜天德月德德合均宜祭祀、

祈福入學修造動土豎柱上梁開市立券交易惟乙未己未兼宜求嗣牧養安葬。

不忌。

破土辛未癸乙未兼宜結婚姻巳未兼宜栽種。●

申日值收 （甲申）鳴吠（庚申）鳴吠均宜祭祀祈福求嗣上官赴任移徙修造動土
豎柱上梁栽種牧養破土安葬惟甲申兼宜結婚姻嫁娶。 （壬申）復日（丙申）
天罡（戊申）地震一概無取。

酉日值開 （乙酉）天德月恩（巳酉）母倉均宜祭祀祈福求嗣入學上官赴任結婚姻嫁
娶移徙修造動土豎柱上梁開市牧養惟巳酉兼宜栽種。 （癸酉）生氣（丁酉）
聖心（辛酉）除神只宜祭祀入學餘事不利。

戌日值閉 （甲戌）月德（庚戌）天恩只宜祭祀餘事不利。 （丙戌）血支（戊戌）地陰
（壬戌）復日諸事不宜。

貴登天門時小雪後冬至前日躔在寅宮為十月將。
甲日子午時 乙日丑時 丙日寅辰時 癸日戌時

四大吉時小雪後冬至前宜用甲丙庚壬，即卯午酉于時。

十一月六十甲子表

十一月

甲己年　乙庚年　丙辛年　丁壬年　戊癸年
建丙子　建戊子　建庚子　建壬子　建甲子

大雪十一月節天道東南行宜修造東南維。

天德在巽月德在壬月德合在丁月空在丙宜修造取土。

月建在子月破在午月厭在子月刑在卯月害在未劫煞在巳災煞在午月煞在未。

忌修造取土。

大雪後二十日氣往亡。　冬至前一日四離。

子日起建·（甲子）天赦只宜祭祀。餘事不利。

年

孟　赤碧黑　仲　綠紫白　季　白白黃
　　黃白白　　　黑赤碧　　　白綠紫
　　紫白綠　　　白黃白　　　碧黑赤

子日起建·（甲子）天赦只宜祭祀。餘事不利。

（丙子）觸水龍（戊子）月厭（庚子）
地火（壬子）六蛇諸事不宜

丑日值除　（乙丑）六合（丁丑）不將（辛丑）不將（癸丑）均宜祭祀、祈福、上官
天恩　　　德合　　　　陰德　　　天願
　　　　　　　　　　　　　　　　寶光

赴任結婚姻嫁娶立券交易、惟乙丑丁丑癸丑兼宜求嗣移徙修造動土竪柱上
梁牧養乙丑丁丑辛丑均不忌破土。兼宜安葬癸丑兼宜開市裁種丁丑亦宜裁種。
（己丑）為真無祿日只宜祭祀餘事不利。

寅日值滿　（丙寅）月空（戊寅）福德（庚寅）五合（壬寅）不將（甲寅）四相均宜修造
　　　　　　　　　天恩　　天馬　　　　　　　　　　　月德　　　月恩
動土竪柱上梁開市立券交易裁種牧養惟壬寅兼宜上官赴任結婚姻嫁娶破
土安葬啓攢甲寅兼宜上官赴任破土啓攢丙寅庚寅兼宜破土啓攢庚寅兼宜
嫁娶。

卯日值平　（丁卯）德合只宜祭祀餘事不利。（己卯）天罡（辛卯）地囊（癸卯）俗曰
（乙卯）天吏諸事不宜。

辰日值定　（戊辰）三合（壬辰）月德（甲辰）四相時除均宜祭祀祈福上官
　　　　　　　　　天恩　　不將　　　天倉　　月空
赴任結婚姻嫁娶修造動土竪柱上梁立券交易、惟壬辰甲辰兼宜求嗣移徙牧
養壬辰兼宜裁種安葬。（庚辰）為真無祿日只宜祭祀餘事不利。
　　　　不忌破土
按甲辰為無祿日如在冬至前太陽填實祿空方可選用

一二〇

巳日值執　（己巳）五富　（辛巳）天恩（癸巳）益後（乙巳）四相（丁巳）德合　只宜祭祀。

餘事不利。

午日值破　（壬午）月德只宜祭祀餘事不利。　（庚午）招搖（甲午）大耗（丙午）災煞

（戊午）天火諸事不宜。　（辛未）月煞（癸未）四

未日值危　（乙未）要安（丁未）德合只宜祭祀。餘事不利。

等一概無取。

（己未）八專一概無取。

申日值成　（壬申）月德　天喜（甲申）月恩（戊申）三合（庚申）天喜青龍均宜入學、上官赴任、

移徙豎柱上梁。忌勳　開市立券交易、牧養惟壬申甲申兼宜祭祀祈福求嗣結婚

姻嫁娶安葬土。忌破　戊申兼宜結婚姻嫁娶庚申兼宜安葬土　（丙申）為真無祿

日只宜祭祀餘事不利。

酉日值收　（乙酉）除神　（丁酉）金堂只宜祭祀餘事不利。　（癸酉）復日（己酉）咸池

（辛酉）五離一概無取。

戌日值開　（甲戌）月恩時陽（丙戌）月空（庚戌）天恩（壬戌）時陽月德均宜祭祀、祈福求嗣、入

學修造動土豎柱上梁栽種牧養惟甲戌壬戌兼宜結婚姻。壬戌兼宜開市。

（戊戌）天刑為真無祿日只宜祭祀餘事不利。

亥日值閉　（乙亥）四相（丁亥）壬日均宜祭祀牧養惟丁亥兼宜栽種餘事不利。

（己亥）游禍（辛亥）重日（癸亥）復日一概無取

按丁亥為無祿日如在丁壬年子月歲德合月德合所會之辰方可選用。

貴登天門時冬至後大寒前日躔在丑宮為十一月將。

四大吉時冬至後大寒前宜用艮巽坤乾申亥時。

甲日亥時　乙日子辰時　丙日丑時　丁日卯時　己日辰時　癸日酉未時

十二月六十甲子表

十二月

甲巳年　乙庚年　丙辛年　丁壬年　戊癸年
建丁丑　建己丑　建辛丑　建癸丑　建乙丑

小寒十二月節天道西行宜修造西方。

天德在庚天德合在乙月德在庚月德合在乙月空在甲宜修造取土。

月建在丑、月破在未、月厭在亥、月刑在戌、月害在午、劫煞在寅、災煞在卯、月煞在辰。

忌修造取土。

小寒後三十日氣往亡。　土王用事後忌修造動土、巳午日添母倉。

孟
白黑白　　碧白赤　　紫黃綠

仲
白白黑　　赤碧白

季
赤碧白　　黑白白

年
白赤碧　　黃綠紫　　黑白白

均宜祭祀祈福求嗣、結婚姻、豎柱上梁，土忌動、牧。

丑日起建　（乙丑）德合 四相　（辛丑）月恩 不將　（丁丑）往亡（巳丑）復日（癸丑）陽錯一概無取。

惟乙丑兼宜安葬，土忌破。

寅日值除　（庚寅）二德 五合 宜上官赴任、結婚姻、嫁娶、移徙、修造動土、豎柱上梁、立券交易、栽種牧養、破土安葬啟攢。（丙寅）劫煞（戊寅）五虛（壬寅）天賊（甲寅）八風 一概無取。

卯日值滿　（乙卯）德合 吠對 宜祭祀祈福求嗣、上官赴任、結婚姻、嫁娶、移徙、豎柱上梁。（丁卯）寶光（巳卯）金堂（辛卯）天巫

一概無取。

土忌動 開市立券交易、牧養、安葬啟攢土。

（癸卯）天翁只宜祭祀。餘事不利。

辰日值平　（庚辰）二德只宜祭祀餘事不利。　（戊辰）死神（壬辰）白虎（甲辰）河魁

（丙辰）月煞諸事不宜。

巳日值定　（乙巳）四相（辛巳）天恩月恩　均宜祭祀祈福求嗣上官赴任結婚姻移徙修造動土豎柱上梁立券交易牧養惟乙巳兼宜嫁娶　（己巳）六儀（癸巳）時陰玉堂宜

結婚姻修造動土豎柱上梁立券交易牧養　（丁巳）四廢諸事不宜。

按乙巳為無祿日如在辛年月歲德歲德合月德月德合所會之辰方可選用辛巳又

為無祿日如在辛年月歲德歲德合天幹三朋方可選用。乙庚年丑月歲德合月德合

午日值執　（庚午）鳴吠宜祭祀祈福上官赴任結婚姻嫁娶移徙修造動土豎柱上梁栽種牧養破土安葬　（甲午）解神只宜祭祀餘事不利。　（壬午）咸池

（丙午）四廢（戊午）大敗一概無取。

未日值破　（辛未）月恩（癸未）天恩（乙未）四相（己未）普護只宜祭祀。餘事不利。

（丁未）陽破諸事不宜

選事探原　卷下

申日值危　（甲申）月空　（庚申）鳴吠　二德　均宜祭祀、上官赴任、移徙、修造動土、豎柱上

梁開市栽種牧養破土安葬惟庚申兼宜立券交易。　（戊申）五富　只宜祭祀開

市栽種牧養　（丙申）（壬申）為真無祿日只宜祭祀。

酉日值成　（癸酉）天喜　母倉　（乙酉）天喜　德合（丁酉）鳴吠　天喜　二合（辛酉）除神　均宜入學

上官赴任、結婚姻、嫁娶、移徙、豎柱上梁、開市、立券交易、牧養惟乙酉辛酉兼宜祭

祀祈福求嗣　乙酉丁酉巳酉辛酉兼宜修造動土。惟癸酉　丁酉巳酉辛酉兼宜栽

種癸酉兼宜安葬　土忌破　乙酉丁酉辛酉兼宜破土安葬

戌日值收　（甲戌）月空（丙戌）青龍（戊戌）聖心（庚戌）二德（壬戌）青龍只宜祭祀

餘事不利。

亥日值開　（乙亥）德合　生氣宜祭祀祈福、求嗣、入學、修造動土、豎柱上梁、開市、牧養。

（己亥）陰德　益後只宜祭祀、入學　（丁亥）月厭　為真無祿日只宜祭祀餘

事不利。　（辛亥）（癸亥）四窮諸事不宜

子日值開　（丙子）六合吠對（庚子）吠對　二德均宜祭祀、安葬、啓攢　土忌破　（甲子）天赦　天願宜祭祀、

安葬、破土、其餘各事亦不禁忌。所會之辰（戊子）續世（壬子）官日只宜祭祀。餘事不利。因為敕德

貴登天門時　大寒後、雨水前日躔在子宮為十二月將。

甲日戌時　　乙日卯時　　丙日子時　　丁日寅時　　己日卯時　　壬日申時
　　　　　　亥時
癸日申時
　　　午時

四大吉時　大寒後雨水前宜用癸、乙、丁、辛、即丑辰未戌時。

辨譌篇

論大偷修日之非

沈亮功曰通書以壬子癸丑丙辰丁巳戊午己未庚申辛酉八日為諸神朝天名大偷修日不拘山向中宮亦不論有無凶神占守皆可修動但神之朝天何以知之即或朝天亦未必拘此八日萬一不朝天而犯之將何以解救即幸而朝天不加之罪異日還位能無譴責乎以人情物理推之其為捏造晚然矣況有破壞須修營者可擇太歲以下神煞出遊日併工修之何必取此八日乎

論二十八宿無關吉凶

<table>
<tr><td>虛危室壁奎婁胃</td><td>昴畢觜參井鬼柳</td></tr>
<tr><td>星張翼軫角亢氐</td><td>房心尾箕斗牛女</td></tr>
</table>

考原曰日有六十甲子。宿有二十八。綜四百二十日為一週。故有七元甲子起虛之說。一元甲子起虛。二元甲子起奎。三元甲子起畢。四元甲子起鬼。五元甲子起翼。六元甲子起氐。七元甲子起箕。七元盡而甲子又起虛週而復始。蓋以虛宿繫於子宮。故自虛宿挨日順排但一元起於何年月日則不可得而考矣。其以虛昴星房配日危畢張心配月室觜翼尾配火壁參軫箕配水奎井角斗配木婁鬼牛女配金胃柳氐配土者猶曜經以彼國不知天幹地枝之名故用二十八宿以紀日今時憲書亦舖註於六十甲子之下而無所用歷家存此不過使絕域殊方共曉某禽值日係何甲子也。嘗、邉為

十幹之加於十二枝非謂七政之果躔於此宿也。其說出於西域吉凶時日善惡宿

按考原曰今時憲書舖註二十八宿、於六十甲子之下而無所用。歷家存此不過

按考原曰今時憲書舖註二十八宿、於六十甲子之下而無所用歷家存此不過使絕域殊方共曉某禽值日係何甲子也切、請如迴支頛。

使絕域殊方共曉某禽值日係何甲子細繹其義並不主何吉凶惟玉匣記通書

所載強以東漢靈臺二十八將配之繪其圖像編為俚詞指吉為凶指凶為吉日

某日嫁娶生得兒孫福壽全某日嫁娶男女孤眠不一雙某日造作歲歲年年大

吉昌某日造作兄弟相嫌似虎狼某日埋葬高官進職拜君王某日埋葬三年之

後主瘟瘰一令人喜一令人懼淆惑聽聞莫此為甚考其起例並不論年月幹枝

旺相休囚及刑衝剋害惟分十二吉十六凶其中又有吉者判凶凶者判吉顛倒

錯亂尚恍迷離誠係煞中之尤者故不惜辭而闢之。

論重復日之誤

協紀辨方書曰舊本重復日忌為凶事利為吉事故忌破土安葬啟攢然其義亦泛

矣夫葬乘生氣經有明文今選擇家亦以無祿四廢為凶日若復日則皆令星孟仲

月又皆建祿其吉自無可疑。巳亥為陰陽盡日亦大率云然而推以一二月參以三

合此二日無皆凶之理乃惟此之忌而不避刑厭三煞之凶且所宜又止於鳴吠日

而舍德救六合之吉而不知用是與嫁娶之僅取不將而不取德合惟忌章光無翅

而不忌刑衝破害等也。婚姻為人事之始終。而俗論拘忌若此深為不便。顧相傳已

久。遽去之轉不足以牖世。故遇鳴吠則忌。遇德赦六合則不忌。識者自能辨之亦不

妨聊以從俗云爾。

又曰復日乃月建所同之幹。如正月建寅為陽木。而甲亦陽木。故正月以甲為復日。

七月建申為陽金。而庚亦陽金。故七月以庚為復日。即曹震圭所謂正月甲二月乙。

三月戊四月丙五月丁六月己七月庚八月辛九月戊十月壬十一月癸十二月己。

是也。世俗作為歌訣云正七連庚甲通書因誤以正月之庚日七月之甲日皆為復

日。逐月皆誤俱宜改正。

　論董氏諏吉新書之不足憑信

董氏諏吉新書世多刊本。自上海書賈附印於各種便覽之書。傳播益夥。據嘉慶二

十二年丁丑浙東散人蔣雲奇峰序例云董氏名德彰號銀峯。不知何時人。其實原

書於八月定日。指駁協紀辨方書謂丁丑己丑二日宜婚姻等事此語更謬云云考

協紀成於乾隆六年辛酉董氏得見此書而駁之。是必乾隆中葉時人矣。蔣序何以

謂為不知何時人也。蓋蔣氏意在假託古籍觀其例言與全書語氣。如出一手可以

斷定其書為蔣氏偽作。非實有董氏銀峯其人也其全書註宜註忌亦多與時憲書

相反顛倒錯亂指不勝屈且云擇日務將此書與時憲書校對。時憲書未見大吉。此

書吉用之無妨若時憲書吉此書不吉切不可用猖狂悖謬。姑不具論兹就其凡例

所稱最重要之凶煞吉神言之曰金神七煞切不可犯煞貴人專直星能解諸凶惟

不能解金神七煞並編作俚歌云角亢奎婁鬼牛星出兵便是不回兵行船定被大

風打居官未滿即遭刑起造婚姻逢此日不出三年見哭聲世人若知避七煞官商

士庶永豐榮夫二十八宿不主吉凶編方書班班可考玉匣記強以東漢靈臺

二十八將配之指吉為吉指凶為凶固已不理於人口而誹吉新書乃棄二十一宿

而論七宿似覺獨標新異其實命名為金神七煞仍是鈔襲玉匣記耳查玉匣記所

謂金神七煞者甲己年午未日乙庚年辰巳日丙辛年子丑寅卯日丁壬年戌亥日

戊癸年申酉日考其起例。蓋以五虎遁法遁庚辛幹臨枝者即名其日為金神七煞

以此附會名為金神猶有說焉若名七煞則無從附會盖甲木以庚金為七煞甲年

午日遁庚似矣。未日遁辛則非乙年、巳日遁辛似矣、辰日遁庚則非巳年、午日遁庚。

未日遁辛庚年辰日遁庚巳日遁辛則更非其餘六斡不辨而亦知其非命名金神

七然。已是兩不相屬。安言大凶以欺人識者嗤之乃諏吉新書不辨其是非不明其

起例。轉以角亢奎婁鬼牛星七宿值日名為金神七然。百事皆忌既無年月斡枝之

可考又無生尅合衝之可言任意捏造斷難憑信。至於煞貢人專直星完全本諸玉

匣毫無義理協紀書謂為荒誕不經而諏吉新書竟推波助瀾尤而效之其為不足

辨論更無疑義。至觀全書月表言吉星則曰黃羅紫檀天皇地皇金銀庫樓田塘月

財庫珠駕馬御聖游玩帝馭言凶煞則曰紅沙白虎鬼哭神號煞集中宮天地轉煞

活曜土鬼黑煞將軍既非實有此星又且必無此理協紀奏議篇中其他神煞謬謬

錯誤尚有出於臣等所奏之外者此類是也。或曰如子所言諏吉新書謬妄如此固

不足憑信矣然百餘年來傳播甚廣此何故耶曰有二說焉作此書者善用誘惑恐

嚇之術其令人喜也。則曰用某月某日在六十日或一百二十日內進橫財增田產

貴人接引加官進爵其令人懼也、則曰用某月某日在六十日或一百二十日內損

一三○

家長害子孫，馬踢虎傷、口舌官司、禍福兩途。言之鑿鑿使人不得不信。即不敢不從。

且其書文雖鄙俚而月表編次簡明無須師承口授略一翻閱即能了解較之協紀

辨方書卷帙繁重議論淵深大相懸絕故人尤樂觀之其勢幾在協紀辨方以上吾

恐邪說詖行誣民惑世不可嚮邇而選吉高深之學理將卒少研求爰不避僭妄略

舉一二俾海內閱其書者知別真偽而定從違若謂好辯而漫肆詆訐摘人之短而

顯己之長此則非吾之所敢出也。

按董氏諏吉新書既斷為蔣奇峯偽作甫脫稿偶閱長歷鈞元一名綿裘寶書內

容與諏吉新書相同惟無協紀更謬等字樣其序云余得無極子指授粗知擇吉

涯略然未敢自信今先將家藏潘氏刊本前明董銀峯所著長歷鈞元重校付梓

末署同治十一年梭伽山民識似此則董銀峯為前明人其書原名為長歷鈞玄

也梭伽山民既得無極子指授粗知擇吉涯略於此書何以無一字發明依樣葫

盧改頭換面是梭伽山民又一誕妄之蔣奇峯耳其為毫無義理不足憑信則一

也。理學說。曾採董銀峯地

也按人子須知。未聞有選吉尊書也。

附錄篇

選吉總論

協紀辨方書曰舉事無細大必擇其日辰羲繇曰敬天也記曰易抱龜南面天子卷

冕北面雖有明智之心必進斷其知焉示不敢專以尊天也夫古之君子居則觀其

象而玩其辭一事之至其合於何卦何爻應有何變何應早巳謀諸乃心而灼然況

又謀及卿士大夫至於庶民夫亦何患其不審乃又必動則觀其變而玩其占耶凡

以血氣心知之性必合諸虛靈不昧之天而後天下之理得使足巳而不問則未事

而先失也選擇之義亦猶夫是天地神祇之所向則順之所忌則避之既奉若於宮

廷以彰昭事之忱又申布於閭左以協休嘉之氣凡以敬天云爾如曰若是則福不

若是則禍則術士之曲說而非其本原也王充論衡闢之不遺餘力則又儒士拘迂

而未見大義善夫荀悅申鑒曰或問時摩忌曰此天地之數也非吉凶所從生也夫

知其為天地之數則固修身者所當順也知其非吉凶所從生則一切拘牽繆悠之

說其廢而所為順之避之者亦必有道矣

論本命年及本命日百事不宜之謬

世俗以甲子命則年日忌用甲子乙丑命、則年日忌用乙丑謂為年日幹枝與本命幹枝相同。名曰本命年本命日百事不宜。並無刑衝尅害之虞何害之有茲據協紀辨方書論相主篇曰通書云本命日不宜用事諸曆皆無明說惟見道藏經今選擇家通忌天尅地衝並忌天比地衝又忌葬日納音尅化命納音而地枝相衝者云云可見本命日並無犯忌之說論相主篇又云楊筠松為巳巳亡命安葬選四巳巳為比肩上吉格令人忌本命何歟可見本命日非惟不以凶言且可以上吉論也再證以崇正闢謬卷八所載楊公為江氏鑿造辛亥主命選辛亥乙未乙亥丁亥又為某氏安葬巳卯化命選巳卯乙亥辛卯辛卯更可見本命年不獨無禍且能召福世俗不察誤以為凶吾無責焉乃竟有操選吉之職者不辨是非而亦隨聲附和之豈不大可怪哉。

論往亡與氣往亡之異同

本命幹枝相同正得資助比和之妙並無刑衝尅害之虞何害之有茲據協紀辨方

曆例曰往亡者正月寅二月巳三月申四月亥五月卯六月午七月酉八月子九月

辰十月末十一月戌十二月丑又曰氣往亡者立春後七日驚蟄後十四日皆自文

節日數之。如初一立春。初七為氣往亡。十一月驚蟄二十四為氣往亡。云云餘倣此。前清曆書。皆如此推。詳見本書第七十六頁。

異協紀辨方書曰往亡氣往亡忌上官赴任嫁娶移徙雖與德合赦願倂猶忌就其

所忌論之實同本書月表須知篇但載氣往亡而不載往亡者蓋正寅二巳之往亡

皆可預定所以月表吉凶篇內凡遇此日皆不註宜上官赴任嫁娶移徙等字樣卽

不辨往亡亦無不可。若氣往亡皆以節令後日為主斷難預定凡遇此日雖月表

篇有註宜上官赴任嫁娶移徙亦不可用故於月表須知篇中鄭重言之免致閱者

臨時忽略也。

建寅不始於夏說

四書摭餘說曰建正之月自堯以來皆以寅月為歲首虞書正月上日並

寅月也北史李業與傳載梁武之言曰寅賓出日卽是正月日中星鳥以殷仲春卽

是二月羅泌曰觀舜之分巡四岳必按四仲則知其建寅同矣董仲舒謂舜紹堯改政

一三四

正朔，恐未可信。蔡氏書傳言三正迭建其來久矣子丑之建唐虞之前當已有之則

改朔亦不自夏始而為邦首夏正者明乎夏數得天堯舜之所同也。

釋建除十二神之義

考原曰按月建十二神除危定執成開皆可用閉破不相當者也建破平收滿閉為凶歷書所謂建滿平

收黑除危定執黃成開皆可用閉破不相當者也選擇宗鏡以四利三元諸神相配

吉凶亦未盡合如以建為太歲除為太陽滿為喪門破為歲破危為龍德此相合者

也至以平為太陰定為官符執為死符成為白虎收為福德開為弔客此不相合者

也大抵凡日吉神多則吉凶神多則凶又各視其神之宜忌以為趨避亦未可以執

一而論也。

協紀辨方書曰建者一月之主故從建起義而參伍於十二辰古之所謂建除家言

也建次為除除舊布新月之相氣也一生二二生三三者數之極故曰滿滿則必溢

矣易曰坎不盈祗既平概滿則平繼滿故必以平也平則定建前四位則三合亦

定也定則可執矣執者守其成也物無成而不毀故繼之以破對七為

衝衝則破也救破以危在易己日乃革之己十幹之第六。破十二辰之第七其義同
也是故救破以危既破而心知危孟子曰危故達夫心能危者事乃成矣不必待其
成而後知為達也淮南子云前三後五百事可舉平前三後五也繼危者成何
以成建三合備也既成必收自建至此而十十極數也數無終極之理開之云
者十即一也一生二二生三由此一而三之則復為建矣建固生於開者也故開為
生氣也氣始萌芽不閉則所謂發天地之房而物不能以生故受之以閉終焉唯其
能閉故復能建與易同也又按自建至閉十二神其辰皆由建政而遞更古今論說
紛紜吉凶不一夫止以建除論吉凶未甚彰顯著明也此建則破除十二辰自然輪
轉耳迨夫參以萬事錯之二氣五行然後吉凶生為特其吉凶之大小劑量則生於
建除雲駛月運舟行岸移明者默契其微神而明之可也今具列各條之下陰陽之
變化無窮夫亦舉一隅云耳又按建除之說見於古者自淮南子外又有太公六韜
云開牙門當背建向破越絕云黃帝之元執辰破巳伯王之氣見於地戶王莽傳云
以戊辰直定御王冠即真天子位師古曰於建除之次其日當定也知所由來久矣

蓋其說與諸家同起戰國時而並託之黃帝云。

粹四大吉時之八幹四卦 又名四熟沒時

兩般秋雨盦隨筆曰選擇家以子初為壬時丑初為癸時寅初為艮時卯初為甲時

辰初為乙時。巳初為巽時午初為丙時未初為丁時申初為坤時酉初為庚時戌初

為辛時亥初為乾時。即今時憲書所謂寅申巳亥月宜用甲丙庚壬時子午卯酉月。

宜用艮巽坤乾時辰戌丑未月宜用癸乙丁辛時是也。錢辛楣曰都門法源寺見遼

舍利函後題甲時又戒壇寺遼法禪師碑後題乾時又遼石憧二一題庚時一題坤

時。蓋金遼石刻多用斯為記也。

按四大吉時之八幹四卦宗鏡謂為時之上四刻語焉不詳。殊難索解此篇謂甲

丙庚壬即卯午酉子時之初刻癸乙丁辛即丑辰未戌時之初刻艮巽坤乾即寅

巳申亥時之初刻措詞明白與一時有八刻上四日初下四日正之說亦頗吻合

至寅申巳亥月云當以中氣為主中氣者何正月雨水節。二月春分節是也若

甫交立春即用寅月吉時甫交驚蟄即用卯月吉時則大誤矣。

答昏禮問

劉楙曰容問盟誓於禍福可乎曰無悔焉可也曰何悔曰山川之或阻也官骸之或

傷也或家落而見差或行非而相浣也皆悔也古人六禮之行率無遠期故詩曰雝

鳴雁旭日始旦士如歸妻迨冰未泮冰未泮而納采桃始華而御輪故不至有他

端之變彩悔恨而生釁端也客曰娶妻不娶同姓何謂也曰先儒云為其近於禽獸

也禽獸不知嫌微之別人烏可無別也客曰異姓其皆無嫌乎曰外姻為婚有以姦

論者矣客曰雖然中表之行近世士大夫皆用之或猶可許也曰在律婚姑舅兩姨

姊妹者杖八十離異安在其可哉先王制禮遠嫌而養恥又立之科條以防不然所

以扶進斯民於人道者至嚴而不可犯矣夫所謂同姓者猶無親之稱耳若吾父姊

妹之子不猶夫兄弟之子乎吾父兄弟姊妹之子不猶之吾父兄弟姊妹之子吾人

知同姓兄弟之子不可昏而不知異姓兄弟姊妹之子不可昏何耶客曰彼世昏者

皆非歟曰疏而無服者可也姑舅兩姨兄弟姊妹相為服緦麻乃亂之以昏姻而期

且斬焉如禮何客曰吾黨有女養於他人謂可解中表之跡而昏之然歟曰買妾不

知其姓則卜之不知者猶卜知而假人以免夫誰欺客曰舉世行之未聞有用離異

之律者或居今而亦可從俗也曰俗之可從事之無害於義爾斁倫敗禮相率而畔

於人羣可乎盜徵倖而未發曰未見有律盜者盜顧可為乎哉

按讀此可知袥褖結婚固非中表結婚尤謬凡有子女者均宜三覆斯言不僅為

選吉家所當曉也。

論嫁娶之期

丁杰曰古者嫁娶之期言人人殊一為年之少長一為時之早晚今合經傳考之男

自二十至三十女自十五至二十時自季秋至仲春自仲春至仲夏皆為得理之正

大戴禮本命篇男八歲而齔十六情通然後其施行女七歲而齔十四然後其化成

此舉其端言之也墨子曰昔聖王為法丈夫年二十毋敢不處家女子年十五毋敢

不事人此舉其中言之也尚書大傳孔子語子張曰男子三十而娶女子二十而嫁

穀梁文十二年男子二十而冠三十而娶女子十五而許嫁二十而嫁此舉其終言

之也家語本命解孔子對哀公曰霜降而婦功成嫁娶者行焉冰泮而農桑起婚禮

殺於此。禮運孔子語言僵曰冬合男女春頒爵位（此家語之禮運 此言仲春以前也夏小正

二月綏多士女周禮媒氏仲春之月令會男女奔者不禁鄭風零露瀼瀼與子偕臧

白虎通曰嫁娶以春此言仲春之時也詩召南摽有梅其實七兮求我庶士迨其吉

兮摽有梅其實三兮求我庶士迨其今兮此言仲春之後也大戴禮本命篇又云太

古男五十而室女三十而嫁不能行於後世大戴逸篇文王世子篇文王十三生伯

邑考十五生武王左氏襄公九年傳晉侯曰國君十五而生子所以廣繼嗣大夫以

下不得同之內則曰女子有故二十三年而嫁非嫁娶之常例今由孔子對哀公之

言思之男三十而有室女二十而有夫禮言其極不是過也則無在二十三十之後

者矣男子二十而冠有為人父之端女子十五許嫁有適人之道亦無出於十五二

十之前者矣羣生閉藏乎陰而為化育之始故聖人因時以合偶男子窮天數也則

無在霜降之前者矣冰泮而農桑起婚禮殺於此亦容有出於冰泮之後者矣知此

則詩之言嫁娶者多端可一以貫之矣

按讀此可知男二十以前娶者非得理之正女二十以後嫁者亦非得理之正至

六七八月嫁娶不及季秋至仲春仲春至仲夏之合禮尤為明白蓋六七八月正

為農忙時節觀孔子對哀公霜降而婦功成冰泮而農桑起二語可憬然悟矣

親病納婦論

鄧瑤曰親病不得納婦不待知者辯之矣鄉俗家有疾病輒令其子迫遽成婚意以

婦新入門病者見之而喜冀其速痊也士昏禮請期之辭曰惟是三族之不虞使某

也請吉日鄭注不虞謂卒有死喪此即世俗赶期娶婦之意顧云三族者就主人言

謂父昆弟已昆弟與子之昆弟也至人子值父母有病侍藥求醫顒顒天祈代之不暇

而乃遽遽納婚猝有不虞此豈人子所忍言耶故言親迎女在塗而婿之父母死者

蓋受命往迎時父母本無恙中途驟聞大故非某母已病迺然行親迎之禮也然

則親病之不宜納婦豈待辯哉於是有戚某母病母言於父欲為子納婦趣令將事

者其子以侍病倉皇堅執弗從母病因是少增客過而問曰將從其母乎抑從其子

乎余曰子之不肯娶情也亦禮也顧其母之必欲納婦者蓋自料不起猶冀偉於屬

纊之先一見新婦覘其容止動靜以卜能宜室家與否而後甘心瞑目其意重可衰

矣。人子侍疾苟可以求順其意而少紓其病者無弗為之即權宜娶婦未為不可第

躬侍湯藥不得執親迎之禮選族子弟之媚於禮儀者致命女之父母告以病姑迫

欲見婦之意即日就途請女之母及親兄弟送之來如徵福先靈新婦入門姑病旋

愈實為兩家之福儻遂不諱則攝親迎女在途而壻之父母死女改服布深衣縞總

趨喪之文入門號哭隨家人治喪也或曰女改服者以壻親迎之故雖未成婚而

婦之分已定故聞壻父母死而趨喪也今壻不親迎儻在途聞變必賣其趨喪也蛇

之曰父母無恙自不可廢親迎大禮此則母病在牀忍死以待為之子者猶且委蛇

容與爵升繡裳緇袘乘墨車往迎近之于之門為之御輪始歸乎即不親迎女在途聞

喪將遂偕其母中道而返乎此非準禮之論也又曰女既奔喪矣既葬將如之何

禮經未有明文意者隨其母歸壻除喪而後成婚乎則又答之曰婦人以夫為家既

入壻門無庸歸即若今之童婦執縫紉浣濯井臼饎爨之役以事夫矣三年之喪畢

主人乃治酒食大召鄉黨僚友為其子成夫婦之禮蓋昔之以母病納婦倉卒不親

迎者達權也今之以父命成昏慎重而合卺者所以厚別也如此則於禮甚宜而於

義亦協。容遷逐書之。以質講禮之君子。

按此篇論親病納婦情禮俱到為人子者苟不得已而為之。亦須俟三年之喪畢。

乃治酒食大召鄉黨僚友成夫婦之禮若世俗所謂孝裏偷者於親喪之際張燈

結綵倉猝成婚蔑禮忘親莫此為甚萬不可從

喪歸宜入家論

鄧瑤曰世俗有狃於舊習忍心悖理絕不為怪者喪歸不入家是也夫幽明雖隔情

理無殊今人離鄉井遠出或數年十數年始歸而其子孫舍於宅外不使入家已之

心安乎遠歸者許乎則不幸以客死喪抵里門為之子孫者乃不迎請入室遠送之

荒郊墟隴間猶有鬼神其肯許乎子孫之心又能安乎吾知死者必不許子孫之心

亦必不安也然而終不能改者則亦狃於習俗無以古義責之耳禮曾子問曰君出

疆以三年之戒以椑從君薨其入如之何孔子曰入自闕升自西階如小斂柩入自

門升自阼階君大夫士一節也雜記諸侯行而死于館喪至於廟門不毀牆遂入適

所殯大夫士死於道至於家載以輀車入自門至於阼階下而說車舉自阼階升適

所殯。此皆喪歸入門事死如生之明證聖人準情定禮至當不易之道也又周禮殯

在西階之上惟死於外者殯當兩楹之中示不忍遠之也蓋待死於外者尤有加禮。

古人用慈之厚如此。在傳載齊莊公以襄公二十五年為崔杼所弒葬諸士孫之里

二十八年齊人遷莊公殯於大寢此則死已三年以其先殯不成禮猶從郭外出而

遷諸路寢為之改殯齊人卒無所忌以為必如是臣子之心始安也今之為人子者。

不幸親死於外奈何不援禮治喪使其親魂魄遠歸竟不得一入家門少紆客死之

慟耶今制以王事死於外者許入城治喪都邑之有城門猶人家之有大門也朝廷

於臣子之喪曲加恩卹許令入城子孫於祖父之喪乃不許其入家悖孰甚焉或曰、

一家之中有諸父兄弟在且多聚族而居以尸入應有違言顧有異宅而處亦不

肯以親喪入門者此豈應諸父昆弟之有違言乎且諸父昆弟不令以喪入門心亦

豈能自安耶蓋有與尸入門其家不利之說據於中遂相率背禮雖孝子慈孫不免

為所惑豈不大可傷歟夫世俗之說固已然有未嘗興尸入門而潭潭第宅不數年

轉鬻他人且或夷為田圃者又何解耶夫家門之興敗關繫豈在於此仁孝之心未

篤。故利害之見得而淅之也。抑近時閭百詩在京郎易簀時語其子曰。汝扶櫬回淮。

到則位我本宅葬宜速其子從之。以是知客死者其魂夢固眷眷家門游處之所必

以親至為憐即歸土無遺憾也嗚呼世之忍死其親於數千里外不迎喪入門者抑

何薄耶悖謬之俗不可不易因撥引禮經以明其惑世有讀書守禮君子尚其敬念

之哉。

按光緒丙午四月。 先君子棄養於京江寓廬七期內扶櫬回揚及喪抵里門。親

族成命迎請靈櫬入蓬廠設奠余驚訝曰胡不升堂曰棺柩不宜入家風俗使然。

況屋乃共居非汝獨有稍一不慎咎將誰歸余聞而鳴咽不能言無已翌晨乃歷

柩高田大寒始得筮吉合葬後讀斯篇方知狃於俗習誤作此忍心悖理之舉也。

至今有餘痛焉茲因拙撰告成特錄鄧先生文以告天下為人子者不幸親歿於

外扶櫬回家務宜迎入本宅然後卜葬慎母蹈不肖之覆轍而致抱恨於終天也。

論停喪之非

日知錄曰停喪之事自古所無自建安離析永嘉播竄於是有不得已而停者魏晉

之制。祖父未葬者不聽服官而御史中丞劉陞奏諸軍敗亡、失父母未知吉凶者不

得仕進宴樂皆使心喪有犯若子厭小人戮典生者猶然況於既殞是以齊高帝時

烏程令闞昌元坐父法秀北征尸骸不反而昌元宴樂嬉遊與常人無異有司請加

以清議振武將軍邱冠先為休留茂所殺喪尸絕域不可復尋世祖特敕其子雄方

敢入仕當江左偏安之日而猶申此禁豈有死非戰場而停久不葬自同

平人如今人之所為者哉唐鄭延祚令朔方母卒二十九年殯僧舍垣地顏真卿劾奏

之兄弟終身不齒天下舉動後周太祖敕曰古者立封樹之制定喪葬之期著在經

典是為名教洎乎世俗衰薄風化陵遲親歿而多闕送終身後而便為無主或覊求

於仕宦或拘忌於陰陽旅櫬不歸遺骸何託但以先王垂訓孝子因心非以厚葬為

賢只以稱家為禮掃地而祭尚可以告虔貲土成墳所貴乎盡力宜頒條令用警因

循庶幾九原絕抱恨之魂千古無不歸之骨今後有父母祖父母亡歿未經遷葬者

其主家之長不得輙求仕進所由司亦不得申舉解送宋王子韶以不葬父母黜官

劉隱兄弟以不葬父母奪職後之王者以禮治人則周祖之詔魯公之劾不可不著

之申令。但使未葬其親之子若孫。縉紳不許入官。士人不許赴舉則天下無不葬之喪矣。

請禁停喪柩

舒化民稟文竊維俗奢示儉禮貴稱財。州境地瘠民貧風俗日趨華靡冠昏交際皆然。而喪葬一事尤甚。惟夫競事奢華而力有不逮。遂有停喪不舉停柩不葬或數年或數十年甚有終身不葬者訪諸城鄉此皆然似此習俗相沿伊于胡底某當於三月間出示並傳集地方莊長將所管保屯查明未葬之柩共有若干開單彙呈報去後嗣據各地方稟報城關內外共有停柩二百七十一柩四鄉三十四保共有停柩一千九百二十六柩各衛屯所共有停柩二千七百二十九柩查閱之餘不勝駭異遂復剀切曉諭定限三個月內一律埋竣頃定期已屆現據城鄉稟報已葬者二千三百餘柩其有實因山向年月不利者懇請展限秋以為期四百二十餘柩當示之初士庶之家中人之產多有以為不使者追催促再三諭令紳士作倡百姓遂多觀感興起者某誠恐紳士中相沿向來飾外之觀驟難破除門面之習先於一應

搤杠執事及吹手擡夫人等咸蒙其平減受值。毋許多求蓬廠賓筵概從節省稱家有無隨宜辦理則又咸以為便計城鄉停喪之家此時已葬去十分之九矣因思此種風俗各處皆然。即如某前曾任長清歷城等處詢悉民間俱不免踵茲積習則他處可想而知合無稟請憲臺俯賜通飭各屬頒發告諭凡停喪之家倶示以限期一律埋葬其無主暴露者飭令地方官給掩埋之資該地保人等亦無不樂於從事者如此則無論家之貧富時之久暫在亡者皆可以得土為安而生者皆可以量力終事似於人心風俗均有裨益矣。

論葬必擇良辰

地理人子須知載葬書云歲時之乖為二凶。卜氏云山川有小節之疵不減真龍之厚福年月有一端之失反為吉地之深殃又云龍吉穴吉砂水吉何以多災年凶月凶日時凶犯之周覺又云作當依法須求年月日之良楊公云好地如巨舟良年如利楫陳圖南曰龍真穴正又須葬善時諸公所論如此可見吉地又須良期而葬之斯盡善矣誠以葬必擇期如耕者之必當陽春發生之際而始播百穀焉則獲穫

續盈倉之效矣苟于收藏肅殺之時而施栽施植吾知其凋謝可立待也車力徒勞

竟何益哉是以人子既卜吉地又卜良期以窀穸之不使少有後日之悔可也雖然

龍穴其本年月為末耳使地非吉兆無生氣之可乘年月盡天下之選無益也仙翁

曰鼎內若無真種子猶將水火煮空鐺此徒徇年月之謂矣

立誌石墓碑法

言行彙纂曰名公巨卿邱墓內有墓誌外有豐碑再有華表人歐以及神道碑亭至

士庶之家雖限於分而誌石墓碑不在禁例稍有力者內誌以石或記事功或止勒

亡者生庚故葬年月山向四至大概附埋塚內上樹碑一道不必過於高大嫌於僭

也碑面服有無封贈職銜據實開列如某某之墓旁書子某孫某敬立碑陰仍將父

母生庚故葬年月許所葬坐山朝向及墳地四至丈尺墓田畝數明白刊刻庶可以

示久遠以防侵佔葬遠鄉者尤不可不急講也

記夏氏擇日之神妙

紹興諸暨縣之店口鎮有陳氏之屋每過火災而屋不毀相傳國初有陳紫衣者將

建此屋。親至紹興城中請夏姓者卜日夏視之。一田舍翁也。乃曰請少待為君擇之。

陳即出銀十兩為謝夏曰既如此請三日後來陳知其以酬謝之多寡為選擇之精

粗乃以白金百兩擲而進之曰老朽一生辛苦始有此舉幸先生留意焉夏曰既如

此請一月後來及期而往之則曰日已選矣幸勿稍有更動陳謹如所教屋成而鎮上

大火前後左右盡為焦土惟陳之新屋歸然獨存自是以後歷三十餘次火災矣至

今陳氏猶世守之而夏之子孫亦尚以擇日為業

按是篇採錄藝術筆記極言夏氏擇日之神妙惜未說明陳紫衣主命是何幹枝。

正屋是何坐向及夏氏所擇年月日時幹枝何屬學者究難效法以管見測之屋

成而鎮上大火前後左右盡為焦土陳氏之新屋歸然獨存非八白到向九紫到

山而何耶後歷三十餘次火災而竟無恙非幹逢庚壬枝會子申辰之造課而何

耶至今陳氏猶世守之子孫勢必蕃衍非主命壬申坐向壬丙而何耶否則能避

一次火災必不能避三十餘次之火災能避三十餘次之火災必不能世守三吉

俱備庶幾似之無心道人有云生人以生下日時為命造制以成器日時為命拜

埋以入地日時為命。夏氏所選之造命。又謂造祿吾不得而知之。要亦不出此範圍耳。

增補

選吉存稿

癸亥夏曾著選吉探原二卷刊行以來迄今己十有五載辱承　海內高明許為簡要然猶有以未列法程而責之者茲囑及門弟子選錄舊稿二十六篇附載編末自入學開墾以至修墓樹碑凡士農工商所恆需者略備於斯命日選吉存稿。初學得此或可稍資借鏡法程云乎哉戊寅重九後二日樹珊自識於滬江臥雪寄廬

謹選入學吉日

學童福造　乙丑宮生。

按選擇入學之期第一宜甲子日取甲為六甲之始子為十二辰之初即元始禮初之義第二宜開日取開卷有益樂此不疲之義第三宜生氣日取生機蓬勃氣

象萬千之義第四宜青龍日取青雲直上飛龍在天之義第五宜本命六合日取

名照六合學貴專門之義效選五者俱備誠學童之幸福也

謹遵協紀辨方書及時歷七政通書詳查得

民國廿二年二月廿七號即癸酉年古曆二月初四日甲子值開內拱　生氣　青

龍諸吉星而又與　學童本命乙丑宮聯為六合此乃學童入學上吉之良辰宜巳

時九句二刻員笈到校詣　聖拜　師恭行入學典禮自此以後敦品力學溫故

知新成績之優進步之速以視賣新自給鑿壁偷光者其勞逸為何如耶學童學童

勉之勉之

按封面可書道德文章四字封套可書天悟神聰四字

謹選動土開墾吉日

福主造　丁亥宮生

按福主丁亥宮生與本年太歲丙寅遙相聯合動土開墾百無禁忌再細按之年

家九紫莅於震宮月家九紫在大雪節前亦莅於震宮震為東方乃吉神薈萃之

所。此次舉行動土開墾典禮必須於承領之土地界內面迎正東虔誠祀　神尤

必須囑農工人等自東南而正南自西南而正西再由西北正北以至東北按部

就班不疾不徐如此則八方咸宜萬物發育矣至於選擇吉期以小雪後庚午日

為最佳蓋取其正財正祿同拱於福主丁亥命宮以期主賓盡美而收指臂之效

豈止事半功倍阡陌交通已哉

謹遵協紀辨方書及時曆七政通書詳查得

民國十五年歲次丙寅古曆拾壹月初叁日庚午值危内拱　德合。　青龍。　正財。

正祿諸吉星宜卯,時六句一刻虔誠敬　神舉行動土開墾典禮不拘何日完成

定占歲熟年豐千歡萬悅賀賀

按李鼎祚曰青龍正月起子順行六陽辰即正七月子二八月寅三九月辰四十

月午五十一月申六十二月戌是也。

又按封面可書萬物育焉四字封套可書寶藏與馬四字。

謹選裁種吉日

福農乾造 辛巳宮生。

福農坤造 丙戌宮生。

按農作裁種生產豐歉地利固收關天時尤重要若僅恃阡陌交通雨暘時若而

不加以深耕易耨之人工欲求禾麻粟麥多稼如雲直是緣木求魚豈可得哉所

以擇吉裁種第一必須水火兩全日取水能潤土火能暄土之義第二須天喜日

取得天獨厚喜溢門楣之義第三須三合日取夫耘婦饁通力合作之義第四須

主命長生祿元日取天長地久生衆用舒梁孟同諧衣祿豐足之義最忌破日閉

日四離四絕四耗四廢九空九焦及主命天尅地衝天比地衝等日故選衆善俱

備諸惡潛消如法進行必臻康樂。

謹遵協紀辨方書及時曆七政通書詳查得

民國五年四月九號即丙辰年古曆三月初七日丙子干火支水值戌內拱　天喜。

三合諸吉星而又得　長生　祿元邊拱　福農辛巳造丙戌造之主命此誠裁

種上吉之良辰宜寅時四句二刻敬　神行禮散播籽種裁培果木近必三秋收穫。

遠亦十載觀成。非惟繡婦樂勤。尤應牧童鼓腹。人稱仁里。我欽孝鄉。昔賢有句云。竹

籬和犢卧茅舍讓雞鳴。此情此景惟　君得之珊不勝艷羨之也。

按四絕四立前一日。四離二分二至前一日詳見本書月表曆例曰四耗春壬子

夏乙卯秋戊午冬辛酉又曰四廢春庚申辛酉夏壬子癸亥秋甲寅乙卯冬丙午

丁巳又曰九空正月在辰逆行四季即正月辰二月丑三月戌四月未五月辰六

月丑是也又曰九焦正月在辰逆行四季五月在卯逆行四仲九月在寅逆行四

孟即正月辰二月丑三月戌四月未五月卯六月子七月酉八月午九月寅十月

亥十一月申十二月巳是也。

又按封面可書父籤子播四字封套可書歲熟年豐四字。

謹選開爐鑄器吉日

謹遵協紀辨方書及時曆七政通書詳查得

技師造　甲子宮生。

福主造　壬戌宮生。

一八五

選吉探原　卷下

民國九年歲次庚申古曆十月初八日己卯值定。內拱

生氣　月恩　德合　不將諸吉星並有　長生　印綬　貴人　財星與

福主及

技師二造遙相輝映此誠開爐鑄器上吉之良辰宜巳未時一句一刻恭請

福主及

技師虔誠祀神舉行開爐鑄器正式典禮行看物品精良利權特達豈獨

主賓盡美左右逢源己哉。

按協紀書月表及宜忌篇只載忌鼓鑄、而無宜鼓鑄字樣。蓋鼓鑄乃冶金屬為錢

幣非細民事也。至於銷金成器鑄鼎象形與裁製修造無殊故協紀有裁製修造

之明文今所選為寒露後之庚申日值開取一陽始開生氣有餘之義立冬後之

己卯日值定取定而后靜日中未昃之義不僅月恩德合長生貴人己也。

又按本編月表所載只一十九事並無鑄器裁製字樣然九月月表庚申日十月

月表己卯日均載明宜修造。

又按封面可書形端品正四字封套可書利用厚生四字。

謹選開張駿發吉日

貴經理福造。戊子宮生。

謹遵協紀辨方書及時曆七政通書詳查得

民國九年夏曆五月十九號即

庚申年夏曆四月初二日丁丑值成內拱　天喜。玉堂　三合　六儀諸吉星乃

開張駿發上吉之良辰與

貴經理福造戊子宮資生拱合尤有禪益宜子時十二句鐘。安設門內主牌布置各

種物品宜子時十二句一刻恭請

貴經理專誠祀神舉行開張駿發典禮宜巳時、九句鐘發表門前掛牌。至於賀客早

臨顧主紛至均可隨機應變不拘時間以上三法果能遵照辦理必期主賓盡美事

業崇隆賀賀

按李鼎柞曰玉堂正月起未順行六陰辰即正七月未二、八月酉三、九月亥四十

月丑五十一月卯六十二月巳是也

又按據云該號為晉泰二字是以封面特書晉步泰來四字封套即書根深葉茂

四字予之若不知其字號概書近悅遠來、名騰金積、亦可。

謹選上官赴任吉日

福官造　戊寅宮生。

按選擇上官赴任吉日第一宜主命貴人日取賤貨賣德之義第二宜六儀日取有儀可象之義第三宜青龍日取飛龍在天之義第四宜天恩日取恩澤及民之義第五宜三合日取三生萬物之義第六宜天喜日取喜慶大來之義果能具此數美則上下交孚歡騰四野可以操左券而貴之償矣。

謹遵協紀辨方書及時曆七政通書詳查得

民國九年歲次庚申古曆四月初七日　丁丑。值除。成。內拱貴人、六儀、青龍、

天恩、三合、天喜諸吉星乃上官赴任盡美盡善之良辰宜卯時。六句一刻。歡

迎、

福官與進東城詣署陞堂接印視事定卜聲名卓著功業崇隆預賀預賀。

按所選丑日乃戊寅本命之貴人立夏後之丁丑日既值三合又值六儀壬午日、

壬午。值除。內拱貴人、六儀、青龍、午。十一句二刻。

更值天恩也。

又、按選擇宗鏡曰。天喜正月戌。二月亥。三月子。四月丑順輪十二月。即每月戌日是也。

又按、封面可書萬家生佛四字。封套、可書一路福星四字。

謹選結婚納采吉日

福翁造　庚寅宮生

福姑造　壬辰宮生

乾造　丙辰宮生

坤造　己未宮生。

謹遵協紀辨方書及時曆七政通書詳查得

民國十八年二月廿一號。即己巳年古曆正月十二日丁酉值危內拱　天德。福生。四相。陰德諸吉星並

有　六合。文昌照臨於

乾坤二造乃結婚納采之良辰宜巳時九句二刻鈒傭滿載玉帛羅列香花恭請

大冰導往

坤府至酉時五句一刻。復由回好時間
不妨從俗

大冰回好

乾宅自此以後俟吉迎娶定占宜家宜室多福多男賀賀。

按曆例曰四相春丙丁夏戊巳秋壬癸冬甲乙是也又曰陰德正月起酉逆行六

陰辰卽正七月酉二八月未三九月巳四十月卯五十一月丑六十二月亥是也。

又按封面可書文定厥祥四字封套可書藍田種玉四字

謹選合巹完姻吉日

福翁造　乙亥宮生。

福姑造　巳卯宮生。

大兄　　庚子宮生。

大嫂　　癸卯宮生。

三弟　丙午宮生。

姪　　戊午宮生。

當婚乾造　壬寅宮生。

坤造　甲辰宮生。

謹遵協紀辨方書及時憲七政通書詳查得

民國九年夏曆五月五號卽

庚申年夏曆四月十九日甲午值除內拱　天赦。月德。青龍。聖心諸吉星周

堂大利乃花燭偕老之良辰宜巳時發轎先向東北方遠行宜前一日申時請

新人香湯沐浴水潑東南方宜是日未時梳粧冠帶面迎

喜神東北方宜酉時歡迎

喜轎進宅陞百子花爆入洞房。

夫婦坐富貴合卺交杯宜吉時送進喜房。

天婦同行十全大禮定占梁孟齊眉兒孫繞膝預賀。

擾新上冠帶人忌馬犬猴三屬其餘生屬均妙。

按曆例曰天赦春戊寅夏甲午秋戊申冬甲子是也。又曰聖心正月亥、二月巳、三

月子四月午五月丑六月未七月寅八月申九月卯十月酉十一月辰十二月戌

是也。

又按舊式結婚此稿尚可適用如為新式結婚其時間不妨提早喜輀亦可改稱

喜輿攙新上冠帶人即男女儐相之類。

又按封面可書合卺佳期四字封套可書鐘鼓樂之四字。

謹選建築華堂吉日一

據云、貴第坐癸向丁。伏查本年太歲癸亥。通天竅云木之位、然在西方申酉戌。今

貴第坐癸向丁即坐北向南不犯惡煞足可進行一切惟細按之、宅劫有辛巳命、

乙巳命者與太歲癸亥地支犯衝擇吉必須得丑日合巳申日合巳或卯日合亥衝

合解衝乃臻盡美管見如斯尚希方家審定為幸

本宅例忌惡煞一概查明不犯至於小煞有制儻然遵刪者概不拘忌故將　闔

第長幼生庚應忌之衝尅尅日查避清楚詳載於後。

宅長　甲子宮生。　忌甲午庚午日。

宅幼　辛巳宮生。　忌辛亥丁亥日。

宅幼　乙巳宮生。　忌乙亥辛亥日。

謹遵協紀辨方書及時曆七政通書詳查得

民國十二年歲次癸亥夏曆十月十九日癸卯值定內拱　時陰　三合諸吉星宜

卯時六句一刻微　神動土開瓦木工大吉迨至十一月十一日乙丑值除內拱

天恩　六合諸吉星宜卯時六句一刻平磉豎柱大吉迨至十一月十八日壬申值

成內拱　天喜　月德諸吉星宜卯時六句一刻上梁安門落成以後定卜丁財兩

旺富貴多增買賀

按所選開工動土之吉課為　癸亥、癸亥、癸卯、乙卯、取天幹三癸一乙、

地枝二亥二卯補　貴第坐山之癸也豎柱上梁吉課為　癸亥、甲子、乙丑、

巳卯、取天幹癸甲乙巳地支亥子丑卯神益長幼諸造也上梁安門吉課為

癸亥、甲子、壬申、癸卯、既與　宅長甲子命宅幼辛巳命乙巳命會合解

衡。而又與坐山之癸聲應氣求故曰吉課。

又按此乃平地造屋蓋主人領土之內前後左右並無舊屋故只論開山立向之

吉凶其修山修向修方及修中宮之吉凶概不必論查得坐癸向丁在癸亥年不

犯歲破三煞不犯伏兵大禍又不犯五黃戊己而宅長甲子命又與太歲癸亥不

衡不尅所以儘可擇吉建築無絲毫顧忌也。

又按封面可書大啓爾宇四字封套可書長發其祥四字。

謹選建築華堂吉日二

秋節接奉瑤章敬悉　貴第坐北朝南擬建築華堂一所屬珊擇最近吉期俾可工

作云云伏查本年太歲癸酉年家九紫到坎坎為北方八白到離離為南方今貴第

坐北向南此即坐九紫而向八白也桑道茂云凡紫白所到方向不避太歲諸凶不

避宅長凶年權威之大概可想見況又不犯三煞歲破不犯大禍伏兵而又不犯戊

己都天其為山向清泰更屬顯然擇吉與工必期獲福惟細按之寒露節後月煞在

北五黃煞亦在北究不宜孟浪從事茲選立冬後吉日吉時舉行開工典禮非惟避

免凶煞，且可預兆禎祥。至平礎豎柱、安門等吉日，必須酌量工程大小、時間緩速然

後選擇，始可適用，管見如斯質之高明以為何如。下略

按此亦平地造屋，蓋主人領土界內，左右前後、並無舊屋。故不論修山、修向、修方，

及修中宮之吉凶。但論開山立向之吉凶可矣。然月家三煞、五黃月破等，仍須查

避清楚，始可無誤。

謹選修造華堂吉日一

據云：貴第坐南朝北，擬於宅後隙地，添築樓房。按照修山論之，此地適在主屋之

南本年太歲甲子三煞在南，豈可輕犯。好者舊歲癸亥在大寒節後早經開工動土。

語云：一日開工千日做。據此，則甲子年三煞占方，可不拘忌。茲為慎重起見，再擇本

年三月太歲巳下神煞出遊日正式開瓦木大工繼續辦理，使三煞失其能力，非惟

逢凶化吉，尤應獲福徵祥也。下略

按修山適占三煞，此不利之甚者，所幸客冬大寒權修期內曾經開工動土，所以

勉擇太歲出遊日，使之豎柱上梁，藉解三煞之凶焰也。

謹選修造華堂吉日二

據子書云。貴第舊宅坐丙向壬。擬於前進隙地添築新屋。查得明年乙丑三煞在東方寅卯辰五黃煞在西方庚酉辛今 貴第坐丙向壬卽坐南向北旣不犯東方之三煞又不犯西方之五黃雖戊都天在北適占前進隙地所修之方亦不拘忌蓋不盤太歲不併五黃斷無大礙而況年家八白莅坎正居北方足可解凶爲此遂囑擇吉俾利進行毋爲讕言所惑也下略

按此爲修向當論向上之吉凶與平地築屋詳於論山略於論向者迥乎不同觀其所修地點適在北方壬子癸屬之子爲乙丑年之戊都天然似覺修方不利其實年家八白正莅坎位足可解凶何懼之有哉

謹選建築大廳吉日

來函云。 貴第舊廳坐癸向丁、兼子午二分及坐北向南伏查本年太歲乙亥三煞在西方申酉戌今擬築新廳仍用原向不犯惡煞似可工作惜新廳地點適在舊廳西隅正犯本年三煞究不宜孟浪從事明年丙子三煞在南方巳午未雖坐癸向丁、

南方有向煞之嫌尚無妨礙茲選本年大寒五日後立春前吉日吉時先行開工動

土俟至明年吉月吉日吉時舉行豎柱上梁安門典禮庶幾萬全也下略

按此為修方與修山修向及修中宮似異實同修山者新築之地點在舊屋後也

修向者新築之地點在舊屋前也修中宮者新築之地點在舊廳西隅故曰修方查西方為乙亥年三煞所

舊屋也今擬築新廳其地點適在舊廳西隅故曰修方查西方為乙亥年三煞所

占之地不宜輕犯是以遵照協紀書所載權修法擇大寒五日後立春前吉日吉

時先行開工動土待至丙子年再按照所選之吉期完成一切始為盡善

謹選修造大門吉日

寶號大門舊向原定坐甲向庚今擬更新建築改用坐寅向申兼艮坤即坐東北向

西南伏查本年太歲甲戌通天竅云火之地然在北方亥子丑具見新向寅申兼艮

坤不犯惡煞足可工作更兼年家六白星蒞於巽方九紫星蒞於坤向祥瑞之徵照

然若揭若再擇吉月吉日吉時舉行開工動土典禮則根深葉茂源遠流長必可如

操左券也下略

、按邱平甫公論家平月多差舛惟有紫白却可憑桑道茂又云紫白所到方不避
太歲將軍官符諸凶不避宅長一切凶年觀此可知紫白之效力遠勝尋常多矣

謹選衙遷吉日

宅主乾造　辛巳宮生。

宅主坤造　壬辰宮生。

宅幼造　辛酉宮生。

宅幼造　壬戌宮生。

按、選擇喬遷吉日宜與宅主長幼等造聯合有情最忌天比地衝天尅地衝如辛
亥丁亥壬戌戊辛卯丁卯壬辰戊辰等日萬不可用

茲遵協紀辨方書及時曆七政通書詳查得

民國十四年歲次乙丑夏曆閏肆月　初肆　己酉定。　內拱

五富諸吉星而又與　拾伍日庚申值平。　天恩。　四相。　月德。

宅主長幼等造聯合無衝。乃喬遷上吉之良辰宜辰時七句二刻恭請　宅主僧同

卷屬喬遷吾　府敬　神行禮自此以後定占生眾用舒名騰業廣賀賀。

按封面可書驚遷喬木四字封套可書鳳立高岡四字。

謹選預合壽器吉日

壽翁　癸亥宮生。

壽姑　乙丑宮生。

按預合壽器第一宜四廢日第二宜五虛日第三宜太歲聯合日第四宜本命長生日四者俱備始為盡善至於重日破日平日收日及本命衝尅日必須避忌萬不可用。

謹遵協紀辨方書及時曆七政通書詳查得

民國十一年歲次壬戌夏曆八月二十四日乙卯值執內拱

長生諸吉星既不犯諸大凶然而又得　文昌　祿元與

壽翁癸亥宮　壽姑乙丑宮適相輝映此誠預合壽器上吉之良辰宜卯時五句二

刻恭請　大匠開工將木架妥面迎東方用斧劈木掀於遠處。俗以第一二斧、所劈木片、視其掀出之地、距

難遷近、以說吉凶、即日成功擱置閒屋定占丁財兩旺福壽綿衣賀賀。

大樂愆遺愈吉、

按協紀云五盧正月巳二月酉三月丑四月申五月子六月辰七月亥八月卯九

月未十月寅十一月午十二月戌是也。

又按四廢五盧皆非旺相吉日惟預合壽器相宜故古書多載之蓋取其廢而不

用虛而不實之義假使與太歲相衝月建相衝而與本命毫無情致仍不可用。

又按封面可書松壽鶴年四字封套可書三祝九如四字

謹選發引厝柩吉日

貴作城新阡酉山卯向兼庚甲坐丁酉向丁卯分金卽坐西向東也。伏查本年太歲

乙丑年家五黃涖兌經云一卦管三山兌卦所管者庚酉辛三山也。今 貴塋坐酉

向卯兼庚甲是坐五黃大煞也其凶無四平時最忌破土惟有先行擇吉發引厝柩。

俟吉再爲舉行安葬典禮卽厝柩亦宜選立秋後吉日吉時 始妥若小暑後立秋前、

災煞在酉勉強用之仍不完善耳。

按厝柩並不破土雖年家五黃大煞月家災煞占於坐山亦不拘忌故爲愼重再

三計是以選立秋後吉日也。

又按辭書云阡七煙切先韻墓道也杜甫詩云新阡絳水遶是也。

謹選啓攢吉日

按書云啓者開發也攢者厝攢也啓攢者開發厝攢之柩遷地另葬之謂也據云

顯妣福柩厝攢異地久矣嚼珊擇吉啓攢俾可歸里安葬謹遵先賢成法選得本

年十月吉日吉時聽候酌用

顯妣化命　壬子原相。

長子造　戊子宮生。　忌壬午甲午日、

次子造　庚寅宮生。　忌戊午甲午日。

幼孫　己未宮生。　忌庚申丙申日。

　　　　　　　　　　忌巳丑乙丑日。

以上應忌犯衝犯尅日逐一查避不用。

謹遵協紀辨方書及時曆七政通書詳查得

民國十一年歲次壬戌夏曆十月十三日癸卯、值定內拱　黃道。時陰。吠對。

歲。合。諸吉星。與

閣第生庚不犯衝尅。乃破土啟攢之良辰宜卯時、六句一刻敬　神破土舉行啟攢

典禮不拘何時恭請

福柩登舟揚帆歸里。俟佳城卜定再為擇吉安葬。定占丁財兩旺富貴多增。

按協紀云。嗚吠對日丙寅丁卯丙子辛卯甲午庚子癸卯壬子甲寅乙卯是也。

又按封面可書百行根源四字封套可書萬事紀綱四字。

謹選發引安葬吉日一

據來函云。貴佳城新阡甲山庚向即坐東朝西伏查本年太歲壬申三煞占於南

方五黃煞占於中央今　貴塋坐甲朝庚既不犯南方之三煞又不犯中央之五黃

煞山向清泰一星可知至於顯考化命辛亥原相。　長子丙子宮生。　次子庚辰宮

生。　幼孫丙辰宮生均與太歲不犯冲尅尤為太平雖長孫甲寅宮生與太歲壬申

地枝相冲亦不拘忌蓋化命安則生者自安祭主安則孫輩自安兹為貴備求金之

計再擇吉月吉日吉時舉行發引破土安葬典禮其為衆煞潛藏千祥雲集更在意

中也。

本山例忌惡煞一概查避清楚其他小煞有制偽煞遵刪者概不拘忌至於 化

命及 闔第長幼生庚應忌之冲尅日亦均查明不用。

顯考化命 辛亥原相。忌辛 亥。忌丁巳乙巳日。

祭主造 丙子宮生。忌丙午壬午日。

次子造 庚辰宮生。忌庚戌丙戌日。

長孫 甲寅宮生。忌甲申庚申日。

幼孫 丙辰宮生。忌丙戌壬戌日。

謹遵協紀辨方書及時憲七政通書詳查得

民國廿一年十一月十四號即

壬申年夏曆拾月拾柒日己卯值定內拱 天恩。德合諸吉星乃發引安葬之良

辰宜子時十二句一刻敬 神破土開挖金井宜卯時五句一刻發引出堂宜辰時

八句二刻恭請 福柩登位分金瘞玉定占秀鐘衆壞福蔭子孫。

按、所選安葬吉課為壬申辛亥己卯戊辰。取時日二干己戊之土資生月干辛辛金、

取月干辛金資生年干壬水傳年干壬水特別有神而甲山之木得其充分滋養

矣。至於月支之亥日支之卯聯合會木年支之申時支之辰遂合會水其為與甲

山之木氣求聲應情致纏綿更可想見豈止合化命益生庚巳哉。

又按如居所與葬地距離甚遠者發引出堂必須預擇先期如葬地工程浩大者。

破土開井尤必須預擇先期也。

又按此乃新阡之地擇吉安葬較為簡易若附葬舊塋即有昭穆稽穴左右前後、

種種區別必須論及修向修方始可無誤

又按封面可書孝思不匱四字封套可書福蔭無疆四字。

又按辭書云塋余瓊切音營庚韻墓也葬地也又塋地即墓地清通禮云塋地自

塋心四旁一品九十步二品以下遞減十步塋塋倚例切讀若嫈嶸韻幽埋也謂埋

藏也詩經云上下莫瘞。

謹選安葬吉日二

據來書云　貴佳城舊塋已葬　祖考

妣原定壬山丙向兼子午。即坐北朝南。此次擬

於左首昭穴安葬　顯妣二柩伏查本年太歲壬申劫煞值巳災煞值午歲煞值未。

今　貴塋坐壬向丙兼子午其午字正犯災煞。似覺不妥其實三煞可向不可坐經

有明文可考庸何傷耶。至於左首昭穴所居之地。在東而不在南其為方位清泰足

可用事更無疑義若再擇吉月吉日吉時扶龍補山禪益化命有不秀鍾泉壤福蔭

子孫者乎下略

按此乃於祖塋左側。安葬考妣。故以修方論。與開山立向不同。查祖塋左側。適在

南方不犯年家凶煞儘可於平時擇吉用事也。

謹選合葬吉日三

來函云　貴佳城舊塋原定癸山丁向不兼。此次擬請甲子相之乾柩與已葬戊辰

相之坤柩合窆伏查本年太歲癸酉通天竅云金之位煞在東方寅卯辰今　貴塋

坐癸向丁似尚平正惟乾柩與坤柩合窆其地位應在坤柩之左適居民寅之間詎

料民寅地位正犯本年三煞平時萬不能孟浪動作茲遵協紀辨方書所載權葬法

擇大寒五日後立春前吉日吉時舉行破土合窆典禮庶幾萬全也下略

按今以未葬之乾柩而欲與己葬之坤柩合窆此與新阡塋地只論開山不同必
須詳論修方始可無誤查癸山丁向乃是坐北朝南未葬之乾柩當列於己葬坤
柩之左其地位適在東北介居艮寅之間正犯癸酉年之劫然是以平時不能破
土合窆必待大寒後權葬葬期也

按辭書云窆�	驗切音砭豔韻又上聲義同葬下棺也周禮云及窆執斧以涖匠
師

謹選安葬吉日〔四〕

責佳城　祖妣舊塋原定庚山甲向兼申寅。　伯父舊塋原定庚山甲向兼酉卯。此
次擬於舊塋左首壙外餘地安葬　顯考福柩其地點適在北方仍用庚山甲向兼
酉卯卽坐西朝東伏查本年太歲甲戌三煞在北五黃然在西今　顯考新塋仍用
坐庚向甲兼酉卯固犯西方之五黃而舊塋左首之地點又值北方之三煞有此兩
弊平時萬不可破土工作惟有先行擇吉暦柩以妥先靈俟至大寒五日後再為遷

選吉日吉時舉行安葬典禮此即協紀辨方書所謂權葬法也遵用此法非惟不忌

開山立向歲月諸凶煞且可獲福徵祥云下略

按祖姚舊塋庚山甲向伯父舊塋亦庚山甲向此二語不可忽略否則必不能知

其舊塋左首壙外餘地適在北方也今既確定其壙外餘地適在北方故能瞭然

決然斷定其方為甲戌年三煞所臨之地至於庚山甲向兼酉卯正犯甲戌年之

五黃大煞此尚易於了解耳

又按此乃於舊塋壙外餘地安葬顯考必須以修方論與新阡塋地僅論開山立

向者不同今所修之方（即攙葬顯考之地點）適在北方正犯年家三煞此修

方不利也至於庚山甲向又坐在西之五黃即以開山論之亦不利也無已惟有

先行擇吉曆柩後用權法安葬避危就安盡人事耳

謹選安葬吉日五

安葬擇吉大要有三其一山向其二化命其王祭主（即重要生庚）今據 來函

所云貴佳城新阡子山午向兼癸丁庚子庚午分金在本年太歲己巳南北大利足

可擇吉破土安葬無如　化命癸亥原相與太歲巳巳幹尅枝衝平時萬不宜用耳

云太歲衝命最凶此之謂也有此困難問題雖　祭主戊子宮及長幼生庚均不犯

太歲亦不宜孟浪從事若待至明年太歲庚午與　化命癸亥相似不犯衝詛料

祭主戊子宮又與太歲庚午犯衝矣不甯惟是而庚午年之歲破又盨于山其凶無

四尤不宜妄動欲求安全必須俟至辛未年山向化命祭主三者皆吉始可選擇吉

期舉行安葬典禮然按諸昔賢葬親貴早之義殊多不合所以協紀辨方書載明權

葬法擇大寒五日後立春前吉時破土安葬非惟不忌開山立向歲月諸凶煞

且可獲福徵祥茲遵此皆擇吉候酌下略

按此因化命正衝本年太歲是以採用權葬法也。

謹選安葬吉日六

貴佳城新阡庚山甲向兼申寅卽坐西朝東伏查本年太歲壬申三然在南方巳午

未今　貴坐庚向甲向申寅不犯南方三然似可擇吉用事惟細按之坐山兼申

幹道戊字為本年壬申之戊都天然而申字又為本年太歲此名戊疊太歲之堆黃

然。凶不可制所妙者　化命壬戌原相　孝男癸卯宮生，　長孫丁卯宮生均與太

歲不犯抵觸尚可遵照協紀辨方書所載權葬法擇大寒五日後立春前吉日吉時，

破土安葬非惟不忌開山立向歲月諸凶煞且可獲福徵祥或曰安葬典禮何等重

要所選日時竟日從權豈不謬哉日若捨此不由待至明年太歲癸酉與　孝男癸

卯宮　長孫丁卯宮均犯衝尅萬不可用再待至後年太歲甲戌五黃煞滋兌兌納

庚而庚山之佳城適犯五黃煞其凶無匹不甯惟是。　二孫戊辰宮又與太歲甲戌

幹尅枝衝尤不穩當若再待一年太歲乙亥伏兵煞滋庚劫煞值申坐庚兼申之佳

城更不宜有破土工作似此情形年復一年揆之先哲葬親貴早之義諒亦孝子賢

孫心所不安也。珊思維至再確認協紀書所載權葬等法具有至理故為世人通用

非敢孟浪亦非敢率略也。而況所選之壬申年癸丑月丙申日取申年申日

為本山之祿元丑月巳時巳時為庚山之貴人女生雖日幹丙癸交拱

之斷不為害或謂壬癸交拱丙火裹煞究非所宜日四柱藏土足可禦水時遇日祿

足可助火互相調劑功用勝常豈止裨益　化命昌熾子孫己哉下略

相墓者南史柳世隆傳云世隆精曉術數於倪塘創墓與賓客踐履十往五往常
坐一處及卒墓工圖墓正取其坐處為墓木即墓地所植樹木也左傳云弔何知
中齊爾墓之木拱矣墓表即墓碑為文以表其人故曰表西漢有故竭者景君墓
表此墓表之最古者墓碑古人立碑為懸棺下窆之用本以木為之禮記所謂豐
碑桓楹是也漢以後為文辭表墓始以石代之取其不朽東漢立碑之風尤盛文
體中亦遂自為一格文心雕龍所謂其序則傳其文則銘是也碑之尺寸及趺蓋
之制皆依官品為等級明會典清通禮並載之墓碣即墓碑也首之圓者曰碑方
者曰碣碣極謁切音竭月韻又屑韻義同特立之石也墓誌銘誌墓文之埋於地
中者用正方兩石相合一刻誌銘一題死者之姓氏爵里而平放於柩前也齊王
儉謂起於宋元嘉顏延之為王球作石誌然西漢杜子夏臨終刻石埋於墓前己
有其例蓋宋以後始盛行耳晉唐諸儒皆言古無墓祭也上陵始
於漢寒食上塚始於唐孟子言東郭墦間之祭者則其俗蓋起於戰國矣塋符韻
切音煩元韻塋也塋知隴切音塚塋韻高墳也墓之高大者曰塚與塚通天香樓

偶得云、平者曰墓、卑者曰冢、高者曰墳、由是觀之、冢較墓為高大、然猶次於墳

之隆起者也、以上諸說雖曰煩瑣、而選吉家不可不知、是以不憚辭費備錄於此。

謹選樹立墓碑吉日

擴云、貴佳城已葬之塋癸山丁向兼子午三分、於甲子年十二月十二日未時早

經正式安葬、葬課為　甲子　乙亥　辛卯　乙未　伏查癸山屬水而所用葬課、

天幹甲乙交加地支亥卯未林立木象森森盜洩水氣、與癸山丁向似不相宜、無惑

乎　台端疑為不甚妥善也、茲特遵　囑力謀補救謹選得

乙丑年己丑月丁酉日乙巳時樹立墓碑排除盜洩、蓋十二月八白星到坎丙奇星、

亦到坎坎管壬子癸三山今奇白同臨原定之癸山固可得道多助轉弱為強葬備

巳酉丑三合會金金能制木即原葬舊課之木局亦將俯首貼耳歛跡銷聲不啻惟

是、化命乙巳原相得此金局聯合尤多情致經云化命安則生者俱安信如斯言

戊申宮之母固可康強達吉　甲戌宮之子　庚戌宮之孫又何嘗不可攸往咸

宜耶。

按、沈亮工曰葬重補龍、造重扶山邱平甫曰凡遠龍不論只以到穴之小脉為主。

觀此可知古人補山與補龍相同之說有至理焉蓋到穴小脉大率與坐山相同。

其不同者乃少數耳若泥於重龍而不重山得毋捨近求遠顧此失彼之弊乎有

志於選吉學者倘能就本編二十四龍吉凶表稍加之意即可得之又何致葵山

丁向而用浊氣之木局哉。

又按封面可書大名如在或書永奠幽宅四字封套可蕎貞石長留或書勒績卣

珉四字。

跋

選吉之道發明最古、如敬授人時見於書、吉日庚午見於詩、用剛用柔見於禮、治絲

者、類能言之、而罕有通其術者良以斯道、書日多而說日謬、聚訟紛紜、真理反晦宜

為通人所唾棄、又或搜輯太繁、舉義例、欠顯明、荀乏師承、烏能識其門徑哉、余友袁

君樹珊近著選吉探原一書、舉悠謬之說、掃除而廓清之、其議論之簡當解釋之精

詳、有按圖索驥、一目瞭然之觀、與命理探原、大六壬探原、並稱為三絕、君固為

嘉惠後學計也、然使一編在手、立決從違、將見人獲南針、共曉然於若時逢吉之義、

則此書之功用尤、今後世人之良導師也、豈特研究斯道者所宜奉為圭臬巳哉、聯

沫之餘、爰書數語以誌欽佩、時民國乙丑年閏四月二十二日鄉愚弟王薙祝三甫

謹跋真州于觀源書

一

鎮江袁樹珊啓事 戊寅正月

鄙人賣卜京江，四十餘載。著書數種，就正高明。差幸薄負時譽，茍免飢寒。奈何避地滬瀆，復闕硯田。止足不知，貽譏 大雅。蓋鑒於星卜小道，當此之時，不絕如縷。而我國古聖先賢之哲學，亦將淡然若忘。是以不自揣度，擬重修漢司馬季主之墓。擬重修蜀嚴遵君平之宅。並擬纂輯歷代卜筮星相名人列傳。一以發潛德之幽光，一以保固有之國粹。惟茲事體大，所費甚鉅。為此振刷精神，撼拄腦汁，略貢五行一得之愚。與 海內知音，共商力命問題。俾命運亨通之士，得以邁步進行。命運塞滯之人，得以虛心耐守。敢謂避凶趨吉，益已利人。不過藉博錙銖，冀償夙願。同好君子，或可諒諸。

星命釋疑綱要

一、君如有一種事件，不知能達目的與否，及希望如何，儘可垂詢。

二、君如有兩種事件，或兩條路徑，究竟何去何從，儘可垂詢。

三、君如於本身職務，覺有種種不愜，以致煩悶疑慮，儘可垂詢。

四、君如以進退關係，或動靜順逆，種種問題，疑團莫釋，儘可垂詢。

五、君如以要事託人，賢愚莫辨，或婚姻問題，是否美滿，儘可垂詢。

六、君如以親老子幼，及本身職業方針，與夫壽夭窮通結果，儘可垂詢。

以上六則，如蒙　垂詢。珊雖見聞膚淺，當按照潤例，就學言理，竭忱答覆，以副　雅誼。

鎮江袁樹珊星命潤筆簡章

課占常事略批	一元	乾坤二造合婚 十元
課占要事詳批 嫌疑不占	二元	嫁娶選擇吉期 十元
命理流年大略只論一年	二元	開市選擇吉期 二十元
命理行運大略	五元	修造選擇吉期 二十元
命理行運詳批	十元	安葬選擇吉期 二十元
細論十載流年	二十元	接印選擇吉期 五十元

　　凡蒙賜教　筆資先惠　外埠函託

　　約期覆件　空函垂詢　恕不裁答

收件處上海 靜安寺路同福里十二號 袁廬

電話 三八七六六號

述卜筮星相學

鎮江袁樹珊著

是編計十餘萬言。釐爲八卷。以周易太乙遁甲六壬棋卜字卜選吉屬卜筮。以推命相人相宅相墓屬星相。純粹以科學方法說明之。且引經據典。尋流溯源。提要鈎玄。語無泛設。至我國及東西各國卜筮星相學之書目。其世所罕見者。本書均一一備錄。非惟足供留心斯學者之參考。卽研究天文・地質・生理・心理・論理・法律・政治・經濟・生物・化學・礦物・歷史・算術・醫學等學者。亦所當知也。

史紙精印　　　每部四册　　　實價三元六角

洋裝鉛印　　　每部一册　　　實價一元

總發行所鎮江三善巷潤德堂書局

分發所行上海静安寺路同福里十二號袁廬　電話三八七六六

總代售處上海三馬路千頃堂書局

養生三要

此為習醫門徑之書

欲求習醫方法及却病延年

多子多孫者須讀此書

袁昌齡先生遺著，原有醫門集要八卷。於脉理，藥性，內科，外科，及鍼灸科諸法，莫不綱舉目張。燦然大備。此編乃集要之首卷。書分三篇。曰衛生精義，曰病家須知，曰醫師箴言。皆袞集聖哲良規，名醫粹語，一可治未病，一可治己病，一可治醫病者之病，誠養生三要也。

洋裝鉛印　　　一冊　　　實價二角

木版精印　　　一冊　　　實價六角

總發行所鎮江三善巷潤德堂書局

分發行所上海靜安寺路同福里十二號袁廬
電話三八七六六號

總代售處上海三馬路千頃堂書局

增訂命理探原

力學與命學　有連帶之關係　欲求發展力學　不可不知命學

此書編次簡明　人人可讀　按圖索驥　無師自通

自己推命　可以利己　為人推命　可以識人

論語首章曰，學而時習之，此力學也。終篇曰，不知命無以為君子，此命學也。讀此可以見聖人之心理，使人先盡人力，後安天命。諸葛公謀事在人，成事在天。曾文正三分人事，七分天命之說，曾信天命，而消極無為。本於此。前清四庫全書術數類，古今圖書集成藝術典，所載命學，精微博大，殊屬可觀。今海上書局，多有影印流傳，學者當有目共賞。惜對於力學，皆忽而不講。鎮江袁樹珊，有鑒於此，特將畢年著作命理探原。重加增訂，釐為八卷，共拾餘萬言。既群列命學之公式，又備吉力學之方針。簡能人手一編，精加之意。固不致盡恃人力為萬能，亦不致誤認天命為無補。只須力命兩層，雙管齊下，有不共躋君子之域者乎。

洋裝一册　　特價四角　　木版精印四册　　實價一元六角

總發行所鎮江三善巷潤德堂書局

分發行所上海靜安寺路同福里十一號袁廬電話三八七六六號

總代售處上海三馬路千頃堂書局

標準萬年曆

此為歷史家星卜家

必需之書

本書所載節氣時候，概以當年所頒行
之時憲書為標準。及至民國成立，概以觀
象台編製之曆書為標準。故能糾正坊間曆
書之誤。凡欲求陰曆月建大小，節氣時候
。及陽曆某日，為陰曆某日者，不可不人
手一編也。

精裝一冊　實價一元　平裝一冊　實價五角

總發行所鎮江三善巷潤德堂書局

分發行所上海静安寺路同福里十二號袁廬電話三八七六六號

總代售處上海三馬路千頃堂書局

大六壬探原

此為卜課門徑之書

欲求決萬事之疑。及動靜從違。成敗利鈍者。須讀此書。

觀之，易云，君子以恩患而豫防之。時義，大矣哉。今人但知金錢出入，事何以立。然欲求防患未然，立事不廢，必須求預知之法。種類不一，惟大六壬探原，本義义相傳尤古，由月將而斡枝，是太極生兩儀也。由斡枝而四課，則太陽少陰，太陰少陽，四象生焉。由四課而發用定，初傳法天，中傳法人，末傳法地，三才既具，五行備焉，神將定馬，悔吝吉凶。三才位位焉。探討壬學，歷有四十餘年。爰將其平日經驗，及家藏古籍，提要鈎玄，命其名曰大六壬探原。不可不人手一編也。

欲求豫知之法。能不讀卜筮之書乎。顯卜筮之書子，由占時而月將，枝而四課，則太陽少陽，太陰少陰，四象生馬。三才既具，五行備馬，神將定馬，宣露其禍福榮辱已哉。蓋取其窮原探本之意。世之君子，苟欲預知防患未然，又立事不廢之法者，不可不人手一編也。

洋裝一冊　實價六角　木版精印二冊　實價一元二角

總發行所鎮江三善巷潤德堂書局

分發行所上海靜安寺路同福里十二號袁廬電話三八七六六號

總代售處上海三馬路千頃堂書局

賣卜厄言

鎮江袁樹珊撰

此冊為長沙陳高林先生所書，真草隸

篆，各極其妙。影印精良，不爽毫黍。學

者得此，不僅知賣卜之宗旨何在，尤可為

臨池學書之一助也。

史紙精印　　一冊　　實價二角

總發行所鎮江三善巷潤德堂書局

分發行所上海靜安寺路同福里十二號袁廬
電話三八七六六號

總代售處上海三馬路千頃堂書局

中華民國廿七年十二月再版

★★★★★★★★
★ 版 ★
★ 權 ★
★ 所 翻 ★
★ 印 ★
★ 必 ★
★ 究 ★
★★★★★★★★

選吉探原

木版精印二冊 實價 一元二角
洋裝精印一冊 實價 六角

著作者　鎮江袁樹珊

總發行所　鎮江三善巷 潤德堂書局

分發行所　上海靜安寺路同福里十二號 袁盛

總代售處　上海三馬路 千頃堂書局

選吉探原

此為選吉門徑之書

欲求選擇良辰。舉行上任開市。及嫁娶造葬者。須讀此書。

選吉一道，古人最重，今人每以迷信忽之。是以民國元年一月一日，丙子值建。二年一月一日，壬午值破。按照選吉原理，皆為諸事不宜。乃竟有於此兩凶日，舉行各種重大典禮者。卒至荊棘叢生，干戈迭起。殊不知外事用剛日，內事用柔日，載諸經典，百王不易。太歲可坐，三煞可向，五黃，戊己須避。證以博物志所云，鵲巢門戶，皆背太歲。抱朴子所云，鶴知半夜，燕知戊己，益信而有徵。豈可概以迷信而抹煞之耶。對於選年選月選時，及朝野各界，選吉需要等法。就吉就凶，孰宜孰忌，莫不綱舉目張，詳細說明。以視其他選吉之書，千頭萬緒，拘牽做作者，誠不可同日而語也。凡欲從事斯道者，只須照表檢查，無異按圖索驥，順逆從違，立即解決。

洋裝一冊　實價六角　木版精印兩冊　實價一元二角

鎮江袁樹珊，所著選吉探原一書，上下兩冊。

總發行所鎮江三善巷潤德堂書局

分發行所上海靜安寺路同福里十二號袁廬　電話三八七六六號

總代售處上海三馬路千頃堂書局

一